国家体育消费试点城市的
创新实践

GUOJIA TIYU XIAOFEI SHIDIAN CHENGSHI DE
CHUANGXIN SHIJIAN

国家体育总局体育经济司◎编著

中国计划出版社
·北 京·

图书在版编目（CIP）数据

国家体育消费试点城市的创新实践 / 国家体育总局体育经济司编著. -- 北京：中国计划出版社，2023.11
ISBN 978-7-5182-1557-7

Ⅰ. ①国… Ⅱ. ①国… Ⅲ. ①体育消费—研究—中国 Ⅳ. ① G80-052

中国国家版本馆 CIP 数据核字（2023）第 209524 号

策划编辑：李　陵（40830954@qq.com）
责任编辑：李　陵　周姿汝　　封面设计：韩可斌
责任校对：王　巍　　　　　　责任印制：李　晨

中国计划出版社出版发行
网址：www. jhpress. com
地址：北京市西城区木樨地北里甲 11 号国宏大厦 C 座 3 层
邮政编码：100038　电话：（010）63906433（发行部）
北京虎彩文化传播有限公司印刷

787mm × 1092mm　1/16　12.5 印张　116 千字
2023 年 11 月第 1 版　2023 年 11 月第 1 次印刷

定价：96.00 元

编 委 会

前　言

党的十八大以来，党中央高度重视体育产业发展和体育消费工作。2020 年 9 月 22 日，习近平总书记在教育文化卫生体育领域专家代表座谈会上指出，要推动体育产业高质量发展，不断满足体育消费需求。2022 年中央经济工作会议强调，要把恢复和扩大消费摆在优先位置。体育消费是绿色消费、健康消费。促进体育消费，是满足人民群众对美好生活向往的重要举措，是深入贯彻扩大内需战略的重要之举，有利于体育产业长期可持续发展，有利于促进体育融入国家经济发展大局，有利于构建以国内大循环为主体、国内国际双循环相互促进的新发展格局。

为全面深入贯彻党中央、国务院决策部署，落实《国务院办公厅关于促进全民健身和体育消费 推动体育产业高质量发展的意见》（国办发〔2019〕43 号）中关于开展促进体育消费试点相关要求，进一步促进消费回补与潜力释放，体育总局于 2020 年 5 月启动了国家体育消费试点城市建设工作，并于同年 8 月向社会公布了国家体育消费试点城市名单。通过建立强有力的试点工作推进机制、强化体育设施用地保障、完善促进体育消费政策措施、创新体育产品和服务供给、健全体育消费数据统计调查制度、建立试点工作绩效评估制度等一系列实践，探索促进体育消费的创新举措。

试点工作开展以来，首批国家体育消费试点城市积极作为，紧紧围绕人民群众的体育消费需求，充分发挥试点的先锋作用，从政策创新、机制创新、模式创新和产品创新四个方面开展了一系列促进体育消费高质量发展的探索与实践，取得了丰富的创新成果。为及时总结和宣传推广试点城市促进体育消费的好经验好做法，进一步深化体育消费试点工作，发挥其引领带动作用，体育总局体育经济司组织开展了“国家体育消费试点城市创新实践与案例”征集工作，并在此基础上，编写了《国家体育消费试点城市的创新实践》一书。通过汇总整理，分类筛选出政策创新案例 4 个、机制创新案例 7 个、模式创新案例 5 个、产品创新案例 4 个，对入选城市的创新做法和经验总结进行了全面介绍。

2023 年 7 月 24 日，中共中央政治局会议强调，要积极扩大国内需求，推动体育休闲服务消费。这充分显示出党中央、国务院对于体育消费拉动经济增长作用的高度重视。“道阻且长，行则将至；行而不辍，未来可期。”体育总局将始终坚持以习近平新时代中国特色社会主义思想为根本指导，以习近平总书记关于体育工作系列论述为根本指南，深入推进国家体育消费试点城市建设工作，并以城市为支点，推动体育产业高质量发展，为实现体育强国贡献力量！

由于时间与水平有限，本书可能存在不妥之处，敬请广大读者批评指正。

本书编委会

2023 年 8 月

目录

CONTENTS

总论

国家体育消费试点城市建设：推动体育消费高质量发展的开创性探索

第一章

政策创新：激发动力，政策先行

第二章
机制创新：破除壁垒，优化机制

第三章
模式创新：因地制宜，打造模式

第四章
产品创新：锚定需求，丰富产品

总论

国家体育消费试点城市建设：推动体育消费高质量发展的开创性探索

体育消费是现代消费的重要组成部分，是体育产业高质量发展的重要基础，是现代服务消费、生活服务消费的重要内容，是国内大循环背景下重要的消费新增量。自2020年国家体育消费试点城市建设工作开展以来，各试点城市抢抓机遇，陆续出台了试点城市建设工作方案和具体措施，将体育消费打造成为城市消费领域新的发力点与增长极，通过丰富供给、优化配套、改善服务和强化保障促进体育消费高质量发展，带动城市消费结构优化与相关产业转型升级，形成完善的体育消费产品与服务体系，满足人民日益增长的美好生活需要。

一、国家体育消费试点城市建设工作的实施背景

我国地域广阔，各地发展程度、收入水平、风俗习惯和消费爱好各不相同，在实现体育消费高质量发展的道路上，不存在唯一的、标准化的成功经验。为鼓励各城市根据实际情况开展全方位的探索与实践，走出符合当地社会、经济与文化特点，顺应当地发展需求的城市体育消费高质量发展之路，国家体育总局经过充分调查论证，将“开展促进体育消费试点。以体育产业规划、

城市体育用地供给、社区体育设施配套、经常参加体育锻炼人数等为条件，确定一批国家体育消费试点城市”写入 2019 年 9 月发布的《国务院办公厅关于促进全民健身和体育消费 推动体育产业高质量发展的意见》（国办发〔2019〕43 号）中。

按照工作部署，国家体育总局于 2020 年 5 月正式启动了国家体育消费试点城市建设工作，选取河北省秦皇岛市、河北省张家口市、辽宁省沈阳市、辽宁省大连市、吉林省长春市、吉林省吉林市、上海市杨浦区、上海市徐汇区、江苏省南京市、江苏省苏州市、江苏省常州市、浙江省宁波市、浙江省绍兴市、浙江省金华市、安徽省合肥市、安徽省黄山市、福建省福州市、福建省厦门市、福建省三明市、江西省南昌市、江西省新余市、山东省青岛市、山东省日照市、河南省洛阳市、湖北省宜昌市、湖北省荆门市、湖南省长沙市、广东省深圳市、海南省三亚市、重庆市荣昌区、四川省成都市、贵州省遵义市、云南省昆明市、陕西省西安市、陕西省咸阳市、陕西省渭南市、甘肃省兰州市、甘肃省白银市、宁夏回族自治区银川市、新疆维吾尔自治区乌鲁木齐市共 40 个城市作为首批国家体育消费试点城市，从政策创新、机制创新、模式创新和产品创新四个方面开展促进体育消费的探索与实践，试点周期为 2020—2022 年。

二、国家体育消费试点城市建设工作的进展情况

在国家体育消费试点城市建设过程中，国家体育总局切实做好指导与服务工作。

一是加强过程指导，推动试点城市加大工作力度。要求各试点城市完善试点工作方案，建立工作机制、加大工作力度，明确试点工作举措、试点工作目标、各部门任务分工和完成时间，因地制宜创新各项政策措施，常态化开展促消费工作，确保试点工作取得实效。

二是搭建交流平台，促进试点城市之间经验沟通。先后组织多次视频交流研讨活动，邀请成都市、苏州市、三明市、南京市、绍兴市、三亚市、重庆市荣昌区等试点城市就建设实施方案、年度试点工作计划、居民体育消费调查、试点工作进展情况等内容作交流发言、分享经验做法。

三是摸清发展底数，指导试点城市开展居民体育消费调查。制定《国家体育消费试点城市居民体育消费调查方案（试行）》和《国家体育消费试点城市居民体育消费调查工作手册（试

行）》，指导、督促各试点城市按照统一的标准和要求、连续三年开展居民体育消费调查，全面掌握试点城市体育消费底数，持续跟踪居民体育消费变化。

四是开展实地调研，切实掌握试点城市工作成效。在试点工作过程中，持续跟踪试点城市建设情况，坚持“深入一线”，到试点城市居民体育消费场所进行实地考察，先后前往多个试点城市开展实地调研，了解居民体育消费情况及存在的困难与问题，为试点城市建设提供全方位的指导。

三、国家体育消费试点城市建设工作的实践意义

经过三年的持续推进，各试点城市围绕促进体育消费政策创新、机制创新、模式创新和产品创新开展了积极的探索与实践，形成了各具特色的经验与做法。国家体育消费试点城市建设工作丰富了体育消费供给，优化了场地设施配套，改善了消费服务水平，强化了消费权益保障，增强了群众体育消费意识，促进了居民体育消费水平提升，为实现城市体育消费高质量发展提供了坚实支撑。

为使更多城市全面了解和学习试点城市在政策创新、机制创新、模式创新和产品创新上的实践成果，各试点城市对促进体育消费高质量发展方面的成功做法与经验进行了全方位的梳理与系统性的总结，形成了一系列优秀案例。这些案例全部来自试点城市在促进体育消费方面的实践探索，既有具体项目的做法介绍，也有工作思路的理论凝练。期望能为更多城市结合自身实际促进体育消费工作水平提升提供一定的参考与借鉴。

持之以恒，久久为功。作为推动国内体育消费高质量发展的开创性探索举措，国家体育消费试点城市建设工作只有起点，没有终点。期待未来国内有更多的城市加入体育消费试点城市建设当中，通过持续的探索与创新，走出属于自己的促进体育消费高质量发展的成功之路，为推动城市消费、扩大内需、助力构建新发展格局贡献“体育”力量。

第一章

政策创新：激发动力，政策先行

试点工作中的“政策创新”，是指试点城市在促进体育消费的政策措施、法律法规等方面所开展的创新活动，目的是促进消费质量不断提升、规模持续增长，进而带动体育消费结构改善和升级。作为试点工作的重要内容和手段，“政策创新”能够促使政府在试点工作中决策更科学、目标更准确、过程更规范、手段更完善、效果更显著，有助于形成良好的政策氛围，推动体育消费高质量发展。

上海市杨浦区、江苏省苏州市、浙江省绍兴市和江西省南昌市充分利用“政策创新”推动国家体育消费试点城市建设，取得了显著成效。杨浦区持续更新产业政策、聚焦消费供给主体创新，确保上海体育国家大学科技园、上海市杨浦区体育产学研联盟，以及细分领域领头羊企业等经营主体不断发展壮大，推动资源要素高效集聚，驱动体育服务型消费高效增长。苏州市实施更高标准、更高质量、更高效率的政府服务，推出“一网通办”“先行先试”“一网通查”“多管齐下”等举措，全力优化体育服务行业营商环境，成为长三角地区推进体育消费建设的新名片。绍兴市聚焦从供需两端同时发力，构建起以体育消费为核心，辐射体育产业整体发展的“1+1+8+X”政策矩阵，完善体育产业发展专项引导资金管理和体育消费券发放使用模式，激发体育消费市场活力。南昌市积极落实《国务院关于加快发展体育产业促进体育消费的若干意见》（国发〔2014〕46号）要求，制定了《南昌市体育健身场馆参与体育消费试点城市建设申报办法》，将符合条件的体育健身类游泳场馆用水价格由特种用水的 11.55 元 / 吨调整为非居民用水的 4.45 元 / 吨，切实解决了体育企业运营中的“痛点”问题，为促进南昌市群众游泳健身消费发展和青少年游泳运动普及注入了新动能。

上海市杨浦区：政府搭台 产学研联动助力体育消费集聚

一、基本情况

杨浦区政府高度重视运动休闲和大健康消费相关新兴产业发展，通过积极谋划创新驱动战略，深化大学校区、科技园区、公共社区“三区联动”和学城、产城、创城“三城融合”的建设理念，切实推进体育产业转型升级，逐步形成了大众创业、万众创新的体育产业发展氛围。

截至2021年底，杨浦区内共有体育产业单位1710家，占当年全市体育产业单位的5.7%，其中主营体育服务业（除体育用品及相关产品制造业、体育场地设施建设外的其他九大类）的单位达1688家，占全区体育产业单位的98.7%，充分体现了杨浦区以体育服务型消费为核心驱动产业发展的特征。2021年底，杨浦区体育服务业企业总收入和营业利润分别达到264.49亿元和47.95亿元，分别占全市体育服务业企业的93.6%和96.3%。特别是围绕耐克大中华区总部、回力鞋业、岱宇商贸、有道体育、橙狮体育（原阿里体育）等核心企业，杨浦区内集聚了一批体育商贸服务企业和大量体育服装用品经销门店，形成环五角场地带体育商贸服务消费集聚区。

截至2023年7月，杨浦区累计获评1个国家体育产业示范基地、1个国家体育产业示范单位、4个国家体育产业示范项目、2个工信部智能体育典型案例、5个上海市体育产业示范单位、8个上海市体育产业示范项目，获评量全市排名第一。各级各类示范单位、项目涵盖健身与培训消费、运动健康消费、智慧运动消费、新兴户外运动消费、时尚国潮用品消费、数字消费平台等多个板块，对杨浦区体育消费市场提质扩容提供了强大助力。在此推动下，杨浦区居民人均体育消费持续提升，从2019年的2 933元增至2021年的3 336.1元，2021年杨浦区居民人均体育消费支出占当年上海市人均可支配收入的比重为4.3%，占当年上海市人均消费支出的比重为6.8%。

二、创新做法

（一）加快建设上海体育国家大学科技园，推动服务与产品供给主体集聚

杨浦区依托上海体育大学“双一流”高校建设契机，围绕

高校建设“环上体运动健康创新带”，积极建设上海体育国家大学科技园，作为中国体育领域唯一的国家级大学科技园、国家体育总局命名的首个“体育科技示范园”，上海体育国家大学科技园也是加快建设“环上体运动健康创新带”的中坚环节，不仅有利于更好地满足市民群众多元化、品质化的体育消费需求，而且培育出诸多体育消费供给主体，已成为带动上海市体育消费市场增长的重要力量。

截至2022年底，上海体育国家大学科技园运营孵化面积已超过15 000平方米，园内主营体育产业活动的单位超过800家，其中高新技术企业有11家，科技型中小企业有20家，在运动健康消费、运动减肥消费、体育培训消费、体育科技消费等领域培育出一批细分领域的领头羊企业。

上海体育国家大学科技园园区图

（二）深化杨浦区体育产学研联盟建设，提升体育消费发展质效

2017年，上海体育国家大学科技园、上海运动与健康产业协同创新中心、耐克大中华地区总部、橙狮体育有限公司、杨浦区体育局等共同发起创建上海市杨浦区体育产学研联盟（以下简称体育产学研联盟）。体育产学研联盟依托各类产业资源，加强产业主体间的协同合作，形成了大学生体育产业创新创业比赛、运动与健康研究中心、尚体康复学院和产品研发中心等一批产学研联动发展成果，完成了区域体育科技成果库、消费数据库、企业需求库、科研仪器共享库建设。2021年，杨浦区在体育产学研联盟的基础上，增补完美世界控股集团有限公司、上海回力鞋业有限公司、小沃科技有限公司、北京三快在线科技有限公司（美团）等新成员，探索成立杨浦区体育消费“产学研用”联盟，进一步扩大社会影响力，发挥龙头企业、大学、区域联动作用，激发创新发展活力、拓展联动合作渠道，有效推动技术升级、要素组合和成果转化，架起政府与企业、科研院所、高校之间无缝合作的桥梁。

（三）对照政策促转型，数字化赋能打造线上消费新场景

对照《打造上海市数字化转型示范区 全面推进杨浦区城市

数字化转型行动方案（2021—2023 年）》文件要求，于 2021 年 6 月正式上线了“韵动杨浦”全民健身电子地图，并立足于数字新兴消费载体内涵，整合线上平台交互、线下场馆引流活动、赛事活动等，促进体育服务消费数字化转型。

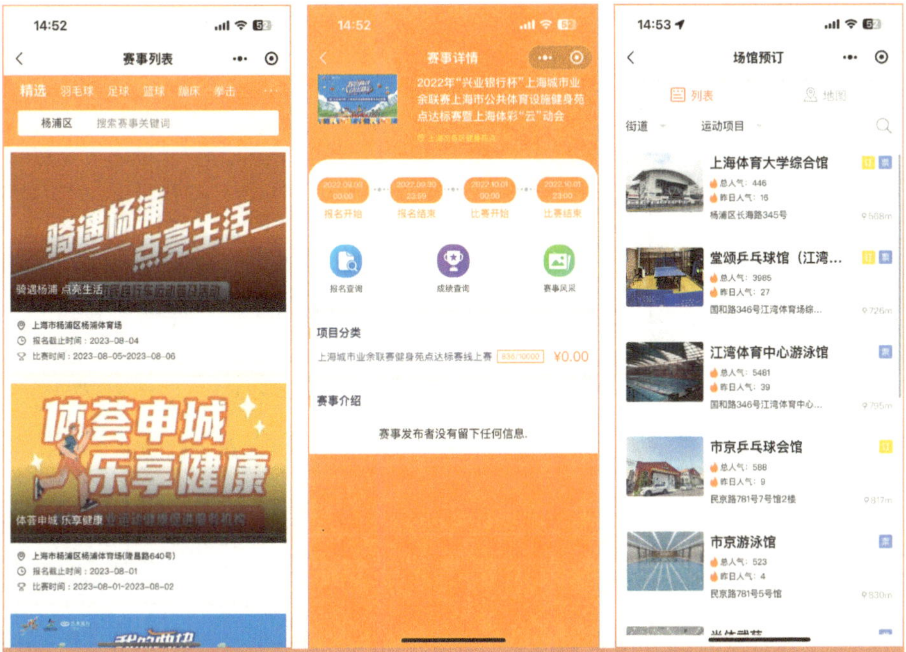

“韵动杨浦”全民健身电子地图

“韵动杨浦”全民健身电子地图是集全民健身信息发布、体育场馆智能化服务、体育消费配送服务等多种功能于一体的信息化综合服务平台。该平台一方面实现了区内体育场地设施的服务内容、开放时间、距离远近、环境状况等基础信息展示，上线场地预定、健身优惠补贴领取、在线申办全民健身卡、刷脸或扫码验证入场等多种功能；另一方面通过运动积分系统，鼓励居民参加各类体育活动和任务产生运动积分并形成个人“运动账户”，实现积分兑换实物或虚拟商品，形成了良好的体育消费者社区和消费内容闭环。2022 年 5 月，“韵动杨浦”平台致力居家健身消费新场景，推出社区（运动）健康师打卡赚积分活动，以社区（运动）健康师专家健身指导为契机，为老人、职业人群、学生人群提供运动健康的直播教学、视频跟学反馈、线下现场教学与线上每日运动打卡相结合等多种形式的活动，将全民健身运动以线上形式进行呈现，上线半个月内参与用户近 1 000 人。截至 2023 年 8 月，“韵动杨浦”全民健身电子地图累计注册用户达 60 036 人，累计产生运动积分超过 5 094 万，消费券订单数量超过 25 万，消费券金额超过 2 478 万元，带动消费比例达 1∶3。

此外，杨浦区借助上海信息消费云峰汇开幕的契机，以区长直播带货带旺体育健康消费市场，区长推荐的跃动智能跳绳通过“智能硬件 + 在线服务”的有机结合，满足了居民健康时尚消费的新需求，打造了体育在线消费的新场景。

（四）培育运动细分领域品牌，引领培训消费市场规范化发展

细分运动项目消费市场是体育消费市场的核心，随着居民运动休闲需求的多层次、多样化，细分运动项目消费市场成为推动

居民体育消费增长的关键环节。杨浦区发力体育消费新兴项目，培育出一批运动细分领域的领头羊企业，如2009年创立的上海跃动文化传播有限公司，围绕“跳绳+演出”“跳绳+培训”“跳绳+赛事”“跳绳+制造”“跳绳+场馆”五大业务板块，形成了中国跳绳运动第一品牌。目前上海跃动文化传播有限公司旗下的子品牌“跃动”专注于以跳绳为主的体育装备用品，全场景创新研发和SKU（最小存货单位）打造，已上线天猫、京东、拼多多、抖音以及海外亚马逊等10余个自营电商和10余个直播电商达人IP；旗下的子品牌“辰动”专注于智慧化产品和一站式技术解决方案，是上海、云南和海南等省份体育中考服务供应商；子品牌“跃动运动馆”聚焦于青少儿身心发展和潜能激发，已布局全国15个城市35家场馆，并覆盖校园1 000多所；孵化培育出“谁是绳王”等IP原创赛事，运营长三角跳绳锦标赛等区域重点扶持赛事。

三、经验总结

（一）完善产业发展顶层设计，加快产业政策创新与落地

2017年以来，上海市与杨浦区深入贯彻落实国家颁布的产业政策精神，出台了3部核心政策、20余部相关政策文件，引

领杨浦区体育产业发展。《杨浦区人民政府关于加快本区体育产业创新发展的实施意见》等文件均提出发挥上海体育大学、江湾体育中心、上海体育国家大学科技园等各类体育产业核心资源及企业集聚的优势作用，打造体育行业“产学研用”一体化优质创新服务平台，建设上海体育消费创新和产学研集聚发展的标志性地区。

（二）持续更新产业政策，营造良好营商环境

杨浦区编制并发布了《杨浦体育产业政策汇编》，持续更新产业政策。该政策汇编囊括体育专项申报基金、税收扶持政策、创业引导政策、人才政策、创业带动就业政策、中小企业发展政策等方面。被作为服务体育消费供给企业发展的“工具书”，分类提供相应政策指导。此外，杨浦区持续开展“送政策、强培训、优服务”工作，做到每月上门送政策、每季组织做培训，定制式为体育消费供给企业提供精准化、个性化的服务，不断优化杨浦区企业的营商环境，促进民营企业和中小体育企业发展。

（三）强化消费创新平台建设，培育体育消费创新生态

杨浦区探索成立区体育消费“产学研用”联盟，依托上海体育大学和上海体育国家大学科技园在体育消费领域的科技创

新协同合作平台建设，加快体育消费、体育产业、运动健康等领域的研究机构与体育企业精准对接，发挥体育企业的技术与服务创新主体地位，形成“市场需求—科学研发—产品投入—服务消费”的创新链、产业链闭环，联合相关企业共同打造虚拟运动、数字体育、智能健身、智慧传媒等数字体育消费产业生态圈，形成数字体育消费发展新动能。

江苏省苏州市：构筑“四心”营商环境　打造高品质体育消费生活

一、基本情况

自2020年入选国家体育消费试点城市以来，苏州市充分发挥“四敢精神”，不断扩大体育产业“朋友圈”。通过一系列卓有成效的改革措施与创新做法，苏州市初步建立了功能明确、网络健全、城乡一体、惠及全民的公共体育服务体系，不仅每年承办国家级及以上赛事60多项次，而且吸引世乒赛、汤尤杯、苏迪曼杯等高端赛事纷纷落户。2022年，苏州市体育及相关产业总规模超过1 237亿元，继续保持全省第一、在全国地级市中名列前茅的地位，体育产业增加值超过388亿元，占全市GDP的比重约为1.62%，全市体育消费总额为402.5亿元，人均体育消费支出为3 117.7元。

二、创新做法

（一）“一网通办”，深化政务服务改革

围绕“一件事一次办”、“两个免于提交”、全市通办、创新场景应用、标准建设等方面，苏州市编制了《苏州市行政许可事项清单》《苏州市级“两个免于提交”清单》等目录清单，完成了“一网通办”能力建设任务，便民服务事项“体育场馆查询”应用与“苏服办”“苏周到”等移动端App、江苏政务服务网顺利对接运行。围绕高危险性体育项目，苏州市梳理了事项办事指南、业务手册，明晰了施行告知承诺制的申请条件、材料清单、审批流程、办理时限等审批要素，重新清理了事项申请材料，简化了办理环节、压缩了办理时间。围绕“不见面审批”、电子证照电子签名等数字化应用、审管联动、“公共服务领域一件事”等工作部署，苏州市着力做好相关系统升级改造、信息系统对接、数据共享等方面支撑保障工作。

（二）“先行先试”，创新健身预付式消费合同样本

2022年3月，苏州市吴江区先行先试，推出全市首个体育健身行业预付式消费合同样本。该样本致力于强化契约精神，以打造法治化营商环境内核为切入点，通过与法学专家团

队展开立项合作，以《民法典》等法律法规为根本遵循，历时四个多月完成。2022 年 3 月至 2023 年 6 月，吴江区共签订标准合同约 5 000 份，收到了多份来自企业商户、消费者的应用反馈，退费问题在权责明晰的条约下得到了有效解决。苏州市坚持“诚招天下客，誉从信中来”，面向全市扩大宣传，鼓励更多体育市场经营主体加入合同示范、试点单位行列，在消费转型的当下，抢抓体育消费恢复发展的窗口期，擦亮诚信“金字招牌”，以服务赢市场，持续激发体育市场发展新动能。

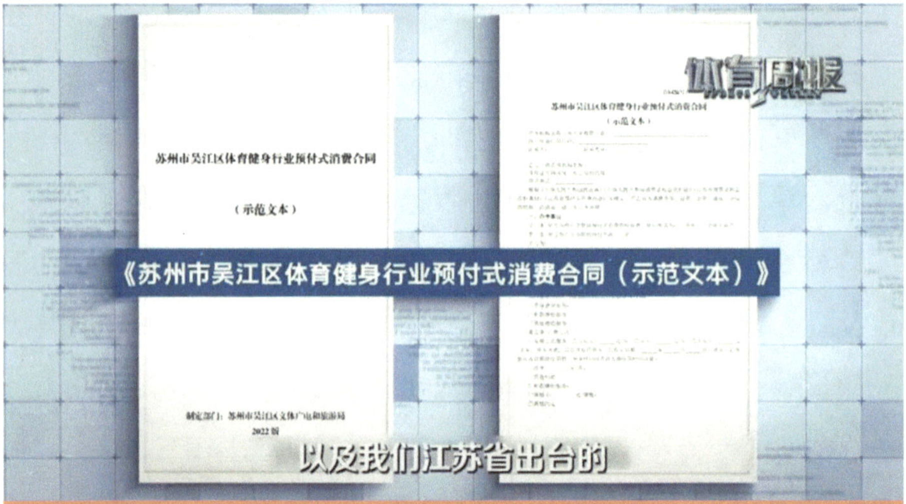

预付式消费合同（示范文本）相关宣传报道

（三）“一网通查”，推出大众体育联赛网络总入口

由政府购买公共体育服务项目活动，创新成立苏州市大众体育联赛，每年投入 800 万元，满足人民群众的公共体育服务

需求。为帮助市民更好地查询和了解本市大众体育联赛的相关信息，苏州市专门设计推出了苏州市大众体育联赛网络总入口，该网络总入口同时适配电脑端和手机端，市民可以通过总入口查询联赛所有赛事活动的信息，从中选择自己感兴趣的运动项目，实现“一网通查”。同时，总入口还链接了各个赛事活动的报名端口，市民可以“一键直达”报名参赛。

（四）“多管齐下”，政策扶持、资金补贴专项活动齐发力

苏州市出台了《苏州市市级体育产业发展专项资金管理办法》（苏财规〔2020〕2号）、《苏州市市级体育产业补贴项目实施细则》（苏体规〔2020〕2号）、《苏州市市级体育产业贷款贴息项目实施细则》（苏体规〔2020〕3号）、《苏州市“体融通”贷款担保实施细则》（苏体规〔2022〕1号）等扶持政策文件，通过支持社会力量投资重点体育产业项目、参与建设体育设施、引进高品质国际商业性体育赛事、举办自主IP赛事等措施，不断优化体育产业发展环境，体育产业发展势头良好。面对新冠疫情，苏州市还及时出台了《苏州市体育局关于应对新冠肺炎疫情支持体育企业复工复产稳定发展的实施办法》《苏州市体育局关于积极应对新冠疫情影响进一步助力体育服务业纾困减负的实施细则》等政策文件，通过减免权属物业租金、加大金融贷款支持、提高贷款贴息比例等措施，有效对冲了疫情影响。2022年末，体育产业名录库

显示，苏州市2022年底共有8 648家从事体育产业的法人单位（占全省的22.6%），比2019年底增加了664家，增幅为8.3%。截至2022年，苏州市共有184个项目获得市级补贴资金，共计7 125万元；185个项目获得省级专项资金，共计14 500万元；向各类体育企业发放专项担保贷款9 460万元。全市科技型、数字型、户外运动型体育企业快速成长。此外，为了促进体育消费健康有序发展，苏州市于2018年推出了体育惠民消费行动。新冠疫情期间，线上和线下联动打造“五五购物节”“清凉一夏”“惠动金秋”“双12苏州购物节”等系列专项活动，每年开展数十场“体育惠民夜市”等活动，有效改善了民生，在提升城市健康水平、助推体育消费发展等方面，取得了较为显著的成效。

姑苏八点半 · 体育夜市

三、经验总结

（一）法治护航更舒心

通过实施《苏州市体育局企业行政合规指导清单》《苏州市体育系统涉企“免罚轻罚”清单3.0版》等，为优化全市体育营商环境构筑了有力的法治保障。通过实施《苏州市体育局公平竞争审查工作方案》，理顺了公平竞争审查工作的体制机制，确保了各项政策措施符合法律法规规定和公平竞争审查工作的相关要求，维护了体育市场公平竞争的良好营商环境。

（二）风险防控更安心

目前，苏州市已基本建立起以苏州市体育稽查支队和各县级市（区）体育行政部门为主体的两级体育市场执法体系，形成了上下联动、协调配合的执法机制，体育监督执法能力显著增强。在高危险性体育项目——攀岩上已初步形成“行业主管部门牵头、行业协会自律管理”齐抓共管的工作局面。在游泳项目方面也基本实现了部门常态化联合执法。通过部门联合执法，创新事中事后监管方式，统筹执法资源，提高部门之间协作配合的能力，实现“进一次门、查多项事”的目标要求，成为推进公正监管、减轻企业负担、优化营商环境的有力举措。

（三）定制服务更贴心

通过打造“运动苏州”App，全民推进“一网通办”能力建设，并与“苏服办”“苏周到”等移动端App、江苏政务服务网顺利对接运行。企业在办理事务时，在对申报场景、材料、表单进行最小颗粒度梳理拆解的基础上，借助OCR、数据比对分析等技术手段，实现了场景分类、智慧填表、智能核验等功能。在优化申请人办事体验的同时，还可以针对不同人群需求，提供精细化服务，有效提高了审批效率和精准度。

（四）群众满意更开心

目前，苏州市体育惠民消费行动相关功能全面接入“运动苏州”App，打通全实名认证、“苏州体育惠民电子码”办理、苏州市体育惠民消费行动电子地图以及体育惠民专项活动等相关功能，增设数字人民币支付渠道，常年以数字人民币的形式发放惠民补贴，实现线上线下消费有机融合。通过健身场馆“折上折”优惠和丰富的主题专项优惠活动，已累计发放体育惠民补贴4 000万元，发放“苏州体育惠民卡”23.5万张，开通“苏州体育惠民电子码”2.45万个，实现直接交易总额2.65亿元，间接带动体育产业交易额8.5亿元。苏州市体育惠民消费行动累计惠及全市市民超过120万人次，直接带动体育产业就业人员超过1000人，为社会提供临时性就业岗位超过4 500个。

浙江省绍兴市：聚焦供需两端　构建“1+1+8+X”体育消费政策矩阵

一、基本情况

绍兴市在国家体育消费试点城市建设过程中聚焦“经营主体”和“消费主体”，从供需两端同时发力，持续优化政策体系，不断完善体育产业发展专项引导资金管理和体育消费券发放使用模式，坚持改善市场环境、壮大经营主体、营造消费氛围，有效纾解体育企业经营过程中的困难，激发体育消费市场活力。2020年至2022年，全市体育消费总规模从135.72亿元上升至163.47亿元，居民人均体育消费支出从2 574.9元上升至3 053.76元，人均体育消费支出占人均消费支出的比重为7.56%，其中农村居民人均体育消费支出上升至2 493.07元，年均增长22.3%，城镇居民人均体育消费支出达到3 124.70元。

二、创新做法

（一）能出尽出，聚焦政策护航明方向

绍兴市高度重视政策对体育消费的引导和带动作用，构建起以体育消费为核心，辐射体育产业整体发展的“1+1+8+X”政策矩阵。一是制定了《绍兴市建设国家体育消费试点城市工作方案》和《绍兴市人民政府关于促进全民健身和体育消费推动体育产业高质量发展的实施意见》两个“1+1”总领性文件，明确优化体育消费类型、拓展体育消费市场、创新体育消费空间等方面的重点任务。二是配套完成了《绍兴市体育发展“十四五”规划》《绍兴市亚运城市行动计划（2020—2022年）》《绍兴市智慧体育发展规划（2019—2025）》《绍兴市体育旅游发展规划（2020—2025）》《绍兴市户外运动规划（2018—2025）》《绍兴市水上运动规划（2020—2025）》《绍兴市“环浙步道”建设规划（2022—2024）》《绍兴市公共体育健身设施专项规划》共8个专项体育发展规划编制工作，从空间维度逐层分解细化各项具体措施。三是绍兴市出台了《绍兴市2022年度体育产业发展专项引导资金实施细则》《绍兴市关于进一步加强体育彩票工作的实施意见》等一系列与体育消费密切相关的政策文件，促进体育消费高质量全方位发展。

（二）能统尽统，聚焦市、县（区）协同破壁垒

体育产业是体育消费的基础与保障，体育产业发展引导资金采用政府引导、市场运作的方式吸引社会资金对体育产业进行投资，充分显现了财政资金的导向作用和财政资金杠杆的放大效应，是政府层面推动体育产业高质量发展的重要抓手，对体育产业发展具有重要的导向作用。

绍兴市不断完善对体育产业发展专项引导资金的管理和使用，在原有的《绍兴市体育产业发展专项引导资金使用管理暂行办法》的基础上，于 2021 年发布了《绍兴市体育产业发展专项引导资金使用管理暂行办法》补充说明，于 2022 年出台了《绍兴市 2022 年度体育产业发展专项引导资金实施细则》，持续细化引导资金的使用范围、申报条件、项目分类、扶持标准、申请材料和审核评选，提升专项引导资金使用的规范性。在实际工作中，不断加大体育产业发展专项引导资金投入，扩大企业（单位）受益面。从2020年起，市本级每年投入2 000万元，县（市、区）每年配套 500 万 ~ 2 000 万元专项资金，重点扶持运动休闲项目、先进体育用品制造、优秀体育品牌赛事、体育健身服务以及体育相关产业发展，进一步优化体育产业结构。2020 年共计奖补项目 85 个，惠及体育企业（单位）58 家；2021 年共计奖补项目 80 个，惠及体育企业（单位）68 家；2022 年惠及项目单位 101 家。

2021 年第六届绍兴曹娥江蓝印时尚小镇摩托艇公开赛

为了让体育产业发展专项引导资金更快更好更活地发挥效益，破解财政资金拨付流程较多、进度较慢的现实问题，绍兴市体育局联合绍兴市财政局深入地方展开调研，精准查找问题症结所在，于 2021 年起在实际操作过程中突破了一般财政资金“市体育局→县（区）级财政→县级体育部门→企业”层层流转的拨付方式，实现了所有企业通过绍兴市奖励政策兑现系统进行线上申报，奖补资金由市体育局“点对点”直接拨付到企业的新型模式。该模式实现了引导资金的统筹管理和拨付，打破了资金的行政壁垒，大幅缩短了资金的拨付周期，有效提升了资金的实际使用效益。

（三）能帮尽帮，聚焦助企纾困活源水

在试点城市建设工作中，紧紧抓住体育彩票这一体育事业发展的“生命线”，出台了《绍兴市关于进一步加强体育彩票工作的实施意见》，明确加强体育彩票品牌形象建设、销售渠道建设、队伍保障建设等具体举措。在新冠疫情冲击下，绍兴市率先启动体育彩票专项纾困工作，通过专门列支 180 万元用于全市各体育彩票销售网点补助，成功拓展销售渠道 406 家，其中包括小微渠道 150 家、商贸实体渠道 14 家、品牌便利店渠道 242 家。2022 年绍兴市完成体育彩票销量 16 亿元，筹集公益金 3.9 亿元，同比增幅分别为 40.36% 和 32.06%，增幅排名均位列全省第一，实现体育彩票销售额和销售网店逆势增长。

此外，绍兴市在助企纾困方面还探索出了丰富的经验，如不断加强银企对接，用好金融工具助力企业发展；把握政策红利，高度重视体育领域设备购置更新贷款贴息工作，加强工作协调和信息共享，扶持体育企业申请体育领域设备购置国家贷款贴息 800 万元；充分利用政采云、绍兴制造馆等采购平台，帮助体育产业企业拓宽市场。

（四）能广尽广，聚焦消费补贴掀热潮

绍兴市高度重视消费券对于消费市场的带动作用，根据

《绍兴市促进消费提振信心行动方案》，制定和完善全民健身体育消费季活动方案，持续开展全民健身体育消费季系列活动，不断掀起体育消费热潮。

绍兴市体育消费季系列活动由绍兴市建设国家体育消费试点城市工作领导小组牵头组织，绍兴市委宣传部（新闻办）、公安局、财政局、市场监管局、商务局、审计局协同，每年投入资金达 3 000 万元，其中绍兴市本级每年投入财政资金 600 万元，6 个县（市、区）各投入财政资金 400 万元。系列活动由面向全国范围的“迎亚运·悦健身”和面向绍兴范围的“迎亚运·越运动”组成，通过与支付宝、口碑、饿了么、高德等顶级流量端口合作，精心设计消费券面值和发放使用周期，先后共开展 10 轮消费券发放工作，共计发放体育消费券 90 万张，参与门店超 600 家，带动体育消费 1.38 亿元。同时，强化精准招商，有效覆盖可使用商品范围，积极做好异常消费监管，通过签约商户保证书、设置熔断机制、开展线下门店走访、限制领取用户识别、进行线上风险把控等措施，针对风控金额较大的商家，会同阿里小二和属地教体局进行现场核查，共计处理 250 余家门店，有效保护资金 147.96 万元，有力维护了消费市场秩序。

绍兴体育消费季活动海报

三、经验总结

（一）攻坚克难，要有坚定信心

体育消费有作为，体育产业才能有地位。在改革创新的过程中，必然会遇到各种困难与阻力，要有冲破险阻、敢为人先的勇气。在实际工作中，要紧盯供给侧和需求侧的实际要求，通过多方调研，深入研究问题症结所在，主动求新求变，打破制约体育消费的政策枷锁，瞄准重点和难点精准施策，加快推动重要领域和关键环节的改革进程，不断提升体育消费工作的效益、效率、效能。

（二）横向联动，要有多方助力

改革创新工作牵一发而动全身，每一项促进体育消费工作的创新之举，其背后都涉及行政、经济、技术等多个领域，需要各单位和部门的支持与协助。在工作推进过程中，一定要强化组织领导、高位设计、高度统筹、细化方案，形成多部门上下联动同频共振的工作格局，构建全方位制度支撑的政策矩阵，高效推动促进体育消费工作不断向纵深发展。

（三）总结复盘，要有审核监督

改革创新无法一蹴而就，势必会经历一个逐渐完善优化的过程。在实践当中，要健全市场监测机制，建立项目跟踪和资金绩效评价制度，完善相应的统计、审计工作，提高专项引导资金等财政资金的使用绩效和风险把控。同时，还要及时对改革创新方案的实施过程和效果进行复盘、总结和分析，为进一步优化方案提供依据，为上级领导决策提供参考，更为体育消费促进工作持续注入改革创新动力。

江西省南昌市：完善协同惠企政策　引导企业促进和扩大体育消费

一、基本情况

南昌市高度重视体育产业的发展，印发了《南昌市推进国家体育消费试点城市建设实施方案》，成立了南昌市体育产业协会，为推进体育消费试点、带动体育消费提供了组织保障。此外，还印发了《南昌市体育发展专项资金管理办法》《南昌体育消费券管理办法（修订版）》《南昌市体育健身场馆参与体育消费试点城市建设申报办法》《关于进一步规范举办南昌市“娃娃学游泳·体彩来买单”公益培训活动的意见》等13个文件，为推进体育消费试点工作提供了制度保障。在此基础上，积极协同推动惠企政策落地，率先在全国落实体育企业降水费政策，惠及健身类游泳场馆35家（社会经营类），用水价格从11.55元/吨降为4.45元/吨，水价降幅达61.47%，累计为企业降低运营成本260余万元。同时，还推动游泳场馆低收费承接各类体育赛事230多场，开展“娃娃学游泳”等公益体育教育培训活动50余项次，共带动18万人次参与，实现体育消费近5 000万元。

二、创新做法

（一）创新纾困帮扶模式，带动企业参与刺激体育消费

帮助企业纾困解难，采取主动上门、座谈交流等方式，认真倾听体育企业的“心里话”“大实话”，针对企业提出的意见建议分类别、分层次、分缓急建立工作台账，逐项推进，着力破解瓶颈、疏通堵点，畅通体育消费渠道。比如，游泳场馆用水按特种用水标准收费，价格（11.55元/吨）偏高，导致游泳运动推广普及受限，居民游泳消费意愿不足，场馆经营压力大。为此，南昌市政府主要领导、分管领导高度重视，多次作出批示，为体育游泳场馆降水费刺激体育消费定调子、寻路径、抓落实。

《国务院关于加快发展体育产业促进体育消费的若干意见》（国发〔2014〕46号）明确，体育场馆等健身场所的水、电、气、热价格按不高于一般工业标准执行。按照文件精神，南昌市政府先后5次协调相关单位召开联席会议，共同商议为企业

降费减负，制定了《南昌市体育健身场馆参与体育消费试点城市建设申报办法》，明确全市体育健身类游泳场馆用水价格由按特种用水价格（11.55 元 / 吨）调整为按非居民用水价格（4.45 元 / 吨）执行。该办法实施以来，共有 41 家游泳场馆申请执行优惠水价，经严格评估，最终确定 35 家体育健身类游泳场馆（社会经营性）享受优惠水价政策，每年节约成本逾百万元，下好了消费试点先试先行、优化体育营商环境的“先手棋”，受到了各界高度赞誉。

在此基础上，南昌市要求享受优惠水价的游泳场馆积极参与全市青少年游泳公益活动。2021—2022 年，“娃娃学游泳”免费培训活动共免费培训 1.8 万名适龄儿童，既直接刺激了游泳器材消费和游泳健身消费，又培育了体育人口，夯实了体育消费基础。通过活动后期评估调查发现，超过 81% 的家长愿意为孩子续费报名，继续参加游泳培训，有 61.4% 的家长表示会为孩子继续投入资金购买相关服装和器材。这些都是潜在的游泳项目运动人口和与游泳紧密相关的体育消费群体，也是南昌市体育消费的有力支撑。

（二）加大政府购买服务，采取多种形式刺激体育消费

一是做大做强竞赛表演市场。用政府资金力量引导体育市场发展，将市运会（部分项目）、南昌马拉松、梅岭越野登山

南昌市多年坚持举办“娃娃学游泳”公益培训

赛、南昌赛艇大师赛、城市定向挑战赛、社区运动会等300多场赛事活动，以公私合营或服务外包的模式进行运营。一方面培育体育人口，另一方面促进体育赛事和体育服装等消费，取得了良好的效果和社会反响。

二是积极培育体育教育培训业。年均投入千万元用于政府购买服务，其中“娃娃学体育”“科学健身进基层”“国民体质监测进基层”“体育服务进乡村、社区”等公益活动采取公开招募的方式，委托体育企业、体育组织承办。一方面帮助企业在困难时期渡过难关，另一方面提高群众的体育赛事活动参与度，鼓励引导市民参加体育培训，间接刺激体育消费。

三是举办体育展览展销。集中全市的体育规模以上企业、优质场馆和俱乐部以及知名体育用品商家，打造“体育夜市”“体博会”“体育超市”等展览展销模式，为市民提供丰富、便捷的“一站式”体验平台和消费新场景。

南昌市首届体育夜市在八一体育场举行

（三）打造特色体育地标，引导市民参与体育运动和消费

南昌市打造特色体育体验，在打造“网红”体育地标吸引市民和游客的同时，注重提高体育文化内涵，让体育健身爱好者有充分的体验感。

雷公坳文化体育产业园是全国首个由高速服务区转型的产业园，把聚焦群众体育、促进体育消费作为转型发展的突破口。园区引入西可体育、友友体育、一朵青云马术等知名体育品牌，集合马术、卡丁车、篮球、足球、网球、羽毛球、棒球、垒球、游泳等近20种运动业态，打造超过40个室内场地的运动场馆集群，以其全要素、多业态、开放式、专业性、市场化的特色领航江西省体育场馆。截至2023年8月，园区入驻企业近50家，带动就业1 000余人，年接待50余万人次，年营业收入超过4亿元。

目前，南昌市拥有的亚洲最大室内红土网球场——中昌红网运动中心和全国首座羽毛球主题商业大楼——长荣羽毛球大厦等，都是吸引力十足的体育地标。在这些场所，参与体育运动是一种享受，进行体育消费是一种必然。

三、经验总结

（一）创新政府购买服务，增加体育人口夯实消费基础

南昌市年均投入千万元用于政府购买服务，积极打造“健康南昌·百万人健身行动”服务品牌。其中“娃娃学体育”“娃娃学游泳”等公益培训活动品牌，具有良好的社会效益和经济效益，既为广大少年儿童学习和开展体育运动打下良好基础，又为体育企业带来了客流和收入。

如“娃娃学体育”活动设置培训项目20余个，均为射击、射箭、航模、无人机、海模、棒垒球、马术等深受儿童喜爱的

运动项目。培训对象为零基础或有一定基础的中小学生，主要培训目标是了解运动知识、掌握运动技能、培养运动兴趣、提高运动水平。“娃娃学体育”活动各项目公开向社会招募培训承办机构，鼓励支持符合条件的体育企业、体育场馆、体育运动俱乐部来承办。活动资金由南昌市体育局负责，每个项目免费培训 200 名左右适龄儿童，累计免费培训适龄儿童达 2 万人，夯实了体育消费的基础。

（二）打造体育“网红”地标，发力“眼球经济”吸引消费者

南昌市根据八一体育场功能单一、青山湖水上中心设施陈旧落后等现状，充分挖掘八一体育场和邻近的体育公园、青山湖水上中心在地理位置、周边人气、场馆设施等方面的优势资源潜力，采取与体育企业、体育协会、体育俱乐部合作共建等形式，推动八一体育场由功能单一场馆向体育综合体转变，打造了江西省首个体育综合体，逐步带动周边体育产业发展。目前，共有 18 家体育企业、体育运动俱乐部签约进驻，涵盖了赛艇、击剑、围棋、象棋、广场舞、航模、田径、篮球、足球等运动项目。进驻企业中既有体育赛事运营公司，又有各类体育培训企业，有效拉动了体育场馆运营、技能培训、竞赛表演等产业发展，年均带动体育消费 1.2 亿元。

雷公坳文化体育产业园深挖体育文化，弘扬体育精神，着力打造一系列体育文化关联项目：引进江西省首个专业的室内马术俱乐部，普及马术文化；打造江西省首个运动主题酒店，包括篮球主题房、足球主题房、潜水主题房等；打造江西省首个体育众创空间，培育江西省本土体育人才，构建退役运动员创新创业生态圈；打造江西省首个运动主题餐厅群，引入街舞、轮滑、滑板等表演项目，在运动氛围中享受美食。

（三）举办体育展览展销，发放消费券刺激居民体育消费

南昌市在全省首创“体育夜市”“体博会”“体育超市”等体育展览展销，集中了全市的体育规模以上企业、优质场馆和俱乐部以及知名体育用品商家，为市民提供丰富、便捷的“一站式”体验平台和消费新场景，并免费发放体育消费券（卡）1 147万元，可用于近300家体育场馆和商家消费。消费券为市民提供了大额消费补贴，极大地激发了市民健身消费的热情，直接带动体育消费上亿元。

第二章

机制创新：
破除壁垒，优化机制

试点工作中的“机制创新”，是指试点城市在促进体育消费的机构设置、服务平台、工作机制等方面所开展的改善与创新活动，目的是打破部门、业务等领域的条块束缚，建立与促进体育消费高质量发展相适应的管理和服务机制。

吉林省长春市、江苏省南京市、安徽省黄山市、福建省福州市、江西省新余市、山东省青岛市和广东省深圳市充分利用“机制创新”推动试点工作有序开展，取得了良好成效，具体呈现出以下四个方面的特点。

一是建立高效供需匹配机制。深圳市、南京市、福州市、新余市等抓住数字经济发展的时代契机，构建数字化体育消费平台，通过“政府主导＋市场参与”的形式，推动和吸引区域内各类体育设施、赛事活动等体育资源接入平台。既打通了供需信息互联“最后一公里”，又解决了休闲健身资源时间和空间分布上不均衡的问题，极大提升了体育消费的便捷性。

二是强化消费者权益保护机制。青岛市创新权益保护机制，通过搭建诉前调解对接平台、试点成立体育消费纠纷巡回法庭、打造体育产业诚信联盟、筹建体育消费纠纷调解中心、开发预付费资金监管平台等方式为居民体育消费保驾护航。

三是建立资源高效利用机制。长春市不断探索消费券发放机制，通过循环发放、消费立减等多种形式，使消费券核销率始终保持在 99% 以上，提高了政策资源的利用效率。

四是建立产品创新机制。黄山市坚持品牌引领、赛事赋能，积极申报举办国际性、区域性高端体育赛事，打造环黄山国际公路自行车赛等品牌赛事，提升中国黄山·登山等五大自主品牌精品系列赛事影响力，以品牌赛事为突破口，不断做优产品创新，激发城市活力，促进体育消费。

吉林省长春市：创新体育消费券发放工作机制　更好满足居民健身需求

一、基本情况

为助力体育企业纾困，加快促进体育消费，推动地方经济发展，长春市自2020年起开展了体育消费券惠民活动。自活动开展以来，在方案制定、券种分类、面额设置、核销场景等方面积极探索实践，不断改进工作方法、创新工作思路、提高工作效能。通过调整消费券类型、发放方式和核销机制，极大提高了消费券核销率，使其始终保持在99%以上，为全国体育消费券发放工作提供了经验参考。

二、创新做法

（一）创新体育消费券类型

将体育消费券分为装备券、健身券和冰雪券三种。装备券专用于购买体育装备，健身券专用于购买健身运动服务，冰雪券专用于购买冰雪运动服务。装备券面额设置为50元、100元、200元、400元四种，消费满150元减50元、满300元减100元、满500元减200元、满1 000元减400元；健身券和冰雪券设置为消费满500元减200元。

消费券使用现场

（二）创新体育消费券发放形式

在2020年第一期体育消费券惠民活动中，体育消费券发放形式为限时抢券，市民在云闪付平台将抢到的消费券存入个人账户，有效期为1个月。由于市民在抢到消费券后未及时使用，导致惠民活动结束时，仍有部分消费券未核销，核销率仅为60.28%。2021年，将消费券发放形式调整为分批次、循环发放。惠民活动时间为1个月，消费券发放以7天为一个周期，第一个周期起始日发放全部消费券，在该周期截止日未核销的消费券由系统收回，延至下一个周期全部重新发放，以此类推。通过缩短核销时限、未核销资金重新发放的方式，促使市民及时使用消费券，未核销的消费券可重复利用的方式不仅给予未抢到消费券的市民更多的抢券机会，还极大地提高了核销率。

2020年，消费券的核销方式为市民参与限时抢券，然后到承接体育消费券的健身场馆、冰雪场馆进行核销。由于部分市民抢到健身券或冰雪券后未参与体育健身活动，导致惠民活动结束时，仍有大量健身券和冰雪券未核销，不仅影响了真正有健身需求但未抢到券的市民，也拉低了健身券和冰雪券的核销率。因此，在2021年体育消费券的发放过程中，将健身券和冰雪券的发放形式调整为无须抢券，在健身场馆或冰雪场馆消费采用立减形式。即在惠民活动期间，每天到健身场馆或冰雪场馆参与体育健身活动，消费满500元立减200元。创新发放和核销方式满足了真正有健身需求的市民，深受群众的认可，取得了巨大的工作成效。自 2021 年起，历届体育消费券惠民活动中健身券和冰雪券的核销率均为 100%。

消费券使用现场

（三）创新体育消费券核销机制

在 2020 年第一期体育消费券惠民活动中，市民在抢到券之后未及时使用，导致活动结束时部分装备券没有核销，活动资金处于闲置状态，未发挥出消费券对体育消费的推动作用。

通过调整发放策略，将第一期活动中装备券的剩余资金全部转入第二期活动中冰雪券的资金中，以消费立减的方式促进消费券核销。在发放策略调整后，装备券剩余资金全部核销完毕，核销率达100%，核销工作成果显著。

此后的体育消费券惠民活动，将装备券活动时间设置为30天，冰雪券活动时间设置为75天，在装备券活动结束后，剩余资金全部转入冰雪券活动的资金中。这不仅让更多市民有机会参与冰雪运动，还极大地提高了消费券资金的核销率，充分发挥了体育消费券推动体育消费的作用。

三、经验总结

体育消费券是以政府补贴的形式，通过发放电子消费券激发市民体育消费潜力、促进体育消费，从而带动经济发展的一种惠民方式。长春市不断总结体育消费券发放经验，调整消费券的发放形式，通过消费券资金循环发放、冰雪券和健身券消费立减、装备券剩余资金转入冰雪券等创新方式，扩大了体育消费群体，提高了消费券核销率，使其始终保持在99%以上。具体经验总结如下。

（一）循环发放有利于提高核销率

为有效提高核销率，充分发挥政府资金的杠杆作用，体育消费券应采取分批次、循环发放的形式，增加核销周期次数、缩短核销时限，以解决核销时间过长、市民抢券后不核销的问题。如2020年，体育消费券核销时间为30天，市民在抢到券后未及时使用，大量消费券没有核销，导致核销率较低。采用分批次的形式发放，核销时间为7天，市民未核销的消费券将由系统收回，在下一个周期重新发放。核销时间的缩短，客观上刺激了市民的消费需求，解决了消费券未核销、活动资金闲置的问题。

（二）健身场馆采用到店消费立减形式

首次消费券惠民活动，健身券核销形式为抢券后到健身场馆进行核销，部分市民并无健身需求，但依旧参与抢券，导致真正有健身需求的市民无券可用。在调整发放形式后，市民无须抢券，而是在健身场馆参与健身活动时可直接领取健身券消费立减，使健身券得到及时、充分核销。

（三）装备券剩余资金转入冰雪券

根据以往的经验，装备券的资金不会全部核销，未核销资金处于闲置状态，不仅拉低了核销率，也没有起到带动经济的作用。冰雪券由于采用消费立减的形式，使核销率得到极大提升，每次消费券惠民活动均为 100% 核销率，转入冰雪券的资金也被全部核销。因此，将装备券活动的剩余资金转入冰雪券活动的资金中是提高核销率的一种重要方式。

（四）装备券满减比例、面值应当合理设置

装备券的满减比例不宜过低，消费券资金与市民实际支付部分比例以 1∶1.5（或 1∶2）为宜，否则无法满足市民的消费需求；装备券面额设置为 50 元、100 元、200 元、400 元，数量配比为 1∶3∶4∶2。面额 50 元的装备券数量配比不宜过高，100 元和 200 元的装备券在各种面额装备券中的核销率最高、适用范围最广，在数量配比上应适当提高。

江苏省南京市：优化体育消费引导机制　打造数字体育惠民新业态

一、基本情况

南京市以系统化思路全力推动数字体育发展，努力发挥政府、市场、社会多元主体共建、共治、共享的现代化智慧体育服务体系的作用，全面优化南京市体育消费引导路径，整合聚集全市体育资源。重点打造“互联网＋健身”体育惠民综合服务平台等一批有代表性的重大应用。以盘活资源、精简便民、“低免开放”为建设起点，通过“政府主导＋市场参与”的形式，借助“我的南京”App和微信公众号等平台，统筹全市体育资源解决“10分钟体育健身圈”中体育场馆供求结构性失衡的问题。按需为全市人民提供24小时“扁平化”服务，切实把智慧体育作为稳经济、促消费、激活力的关键增量，为国家体育消费试点城市建设贡献“南京样本”。

二、创新做法

（一）提升服务，优化体育消费供求路径

1. 强化数据归集，打通供求信息互联“最后一公里”

发挥数字体育在获取人们需求信息上的显著优势，依托网络平台开辟线上精准服务新路径，通过多种途径和渠道监测感知人们的体育行为，对人们的需求和偏好进行较为准确的把握，满足不同人群的个性化需求，助力体育产品供给端与需求端的精准匹配，让体育服务走向全场景，为体育消费提供新动能。通过大型综合惠民平台“宁体汇”，提供线上场馆预订服务，其作为核心服务项目之一，为解决体育场馆供求结构失衡实现服务创新。为贴合数字时代群众的信息获取习惯，“宁体汇”通过手机移动端预订服务打破体育场馆供求

“宁体汇”体育惠民服务平台界面

信息的时空隔阂，消除以往体育场馆消费受限于小区域生活圈的问题，为全南京体育场馆线上需求搜索方和线下场馆资源方打通全天候信息互联的“最后一公里”。

2. 财政引导消费，促进场馆资源供求“削峰平谷”

除了向市民提供更灵活的产品服务售卖方式外，政府还为市民提供了支付时直接减免的财政补贴。通过价格调节和全市范围内的信息推送，有效提高了惠民体育场馆在工作日等空闲时段的利用率。一是补贴优惠力度与场馆利用的“峰谷”时段相匹配，分为低价、忙时和免费三个时间段，根据各项目特点和市场供需情况对每个项目设定最高限价，并依据最高限价设定最高补贴上限。二是发放体育运动健身券，该券可在场馆“低免开放”的基础上“折上折”叠加使用，进一步激发市民的健身热情。

3. 创新服务机制，打造南京体育消费“粉丝社群”

充分利用平台规模及主题优势，通过组织各类活动打造南京体育消费社群，增强民众体育消费黏性。一是采用定期与不定期相结合的方式发放定额优惠券，提高活动热度及核销率。二是推出以体育惠民和促进消费为目标的“南京运动消费积分平台”，并无缝链接“运动积分银行”，旨在通过运动激励的方式提升全民健身的参与度和体育消费活力。

（二）以人为本，创新体育消费引导方式

1. 引领运动新风尚，打造体育消费“新场景”

以数字科技重构传统运动场景，紧跟市民需求和时尚风潮，南京市体育局以潮流项目（33家）、健身场馆（30家）、商业中心（6家）、户外营地（11家）、体育休闲（12家）、冰雪运动（8家）六个主要类别，打造100家集潮流运动、新兴项目、都市运动中心、体育服务、户外休闲于一体的体验式、沉浸式体育消费新场景，通过“体育消费新场景”微信小程序展示宣传，高颜值、新玩法、潮体验、酷造型的体育消费新场景不断“上新”。同步开发冰雪、飞行、攀岩、滑板等小众新兴项目，打造运动康复、科学健身等体卫融合的健康生活方式，发布骑行、路跑等体旅融合户外休闲的体育消费地图。仅2022年“五一”假期期间，100家体育消费新场景和40家体育旅游线路（景区）就有130余万人次“打卡”，实现销售额2 800余万元，拉动相关体育消费近3亿元。

2. 塑造体育文化新高地，持续推广健康生活方式

利用各类综合数字体育服务平台提供体育政策法规、南京健身指数、运动健身知识、群众公益活动信息和健身指导视频等内容；针对健身人群进行大数据采集，形成“全民健身圈”，提供定向科学健身指导；定制“宁体汇”服务融合入口，定期推送“文体旅”融合内容，推广现代体育休闲生活方式。

（三）统筹共建，创新体育服务供给资源组合

1. 坚持创新驱动，打造智慧体育服务生态

打造“云享动”智慧球场连锁运营品牌，将“运动、娱乐、竞赛”元素充分装入室外运动空间，提高室外运动的趣味性和社交性，激发群众户外运动的欲望。基于“场馆码”体系打造的公共体育运动空间数据服务平台，为用户提供高效便捷的线上体育空间服务，为体育设施的布局优化、高效管理与资源利用提供全面数据支撑，激活城市闲置的体育运动空间。同时以数字体育推动智慧城市建设，构建“1+1+N+X”（1套数字底座、1套数字平台、N个智慧应用、X个行业解决方案）数字化体育平台，助推智慧城市营造，推进城市体育运行一网统管、体育公共服务一网通享、体育政务服务一网通办、体育社会诉求一键回应。

智慧场馆运营中心相关信息

2. 科技引领赛事，赋能体育消费提质扩容

在体育消费数字化的趋势下，南京市主动适应新变化，助

力推动科技赋能赛事，集合数字技术促进体育消费升级。比如马拉松智慧赛道系统引入了大数据分析、人脸识别、视频流5G传输等技术，把传统赛事活动的计时、成绩查询、证书下载、赛事救援、赛道监控、赛事管理等板块通过系统软件平台整合成为独有的智慧化大数据综合管理平台，实现了赛事数据化、可视化、常态化，极大促进了体育消费。

三、经验总结

（一）从“产业管理者”到“平台运营者”，围绕体育消费供求特征进行服务思维创新

体育消费具有多链条、多属性、多主体的特征，惠民体育服务的根本宗旨在于平衡市场多方需求，整合全域体育消费空间资源，尽可能扩大民众体育消费空间范围。以构建惠民体育服务平台为抓手，一方面整合不同等级、不同地区的社会体育场馆资源，将各级消费资源纳入平台，培养不同等级的体育消费者对平台信息的搜索习惯；另一方面整合多维体育惠民服务，扎实做好平台服务群众的基础工作。

（二）从“维持服务”到“解决痛点”，围绕体育消费盲区进行服务路径创新

以往城市公共体育服务的重心在于不断扩张设施规模，如今体育服务的痛点在于民众体育信息集中于半小时生活圈，城区扩张越快，体育消费供求越失衡。当前公共体育服务应更加重视信息服务，而非简单地进行硬件维护。不同资源不同时间段的供求信息传递是避免现有体育资源浪费的关键。利用5G、物联网等新技术手段，把南京市各区线下的体育资源情况全面接入民众线上信息“私域”，消除全市范围内供求信息的盲区；增加亲民便民体育设施优化展示，连接群众与全市赛事活动；通过数字体育落地相关惠民便民政策。

（三）从“体育事业”到“体育产业”，围绕体育消费的双重属性进行服务细节创新

在体育消费发展初期，价格补贴必须达到一定的力度。特别是新兴项目在体验消费阶段，需要具备足够的价格优势，而远低于市场价的叠加折扣能够吸引民众进行重复消费。以场馆“低免开放”、各类优惠活动等为切入点，切实提高运行执行效率和财政补贴资金投放效率，动态调整各类运动项目的补贴单数上限、各类优惠券的发放数量等，确保财政资金精准惠民，

并惠及更多人群，以体育惠民引导市民参与体育消费，激发体育市场活力。

（四）从“群体服务”到“社群服务”，围绕体育消费新动向进行服务对象创新

体育消费具有天然的“社群”属性，适合以社群运营方式进行体育生活方式推广。应当在不断完善体育服务基础设施的基础上，有效整合场馆预订、体育资讯、场地设施等功能，同时提供体育惠民服务、体育便民服务、生活服务等服务。这样一方面能够整合全市的体育企业资源，特别是为中小微企业合作搭建桥梁，形成“企业俱乐部”；另一方面能够放大体育消费的社交功能，形成“体育消费粉丝群”，增强智慧化全民健身服务能力，不断提升全市体育消费氛围。

安徽省黄山市：完善办赛机制 以赛事消费引领体育消费高质量发展

一、基本情况

黄山市踞长三角腹地，地处皖浙赣“三省通衢”，在因地制宜建设国家体育消费试点城市的过程中，黄山市坚持品牌引领、赛事赋能，积极申报举办国际性、区域性高端体育赛事，打造品牌赛事，以品牌赛事为突破口，不断做优产品创新，激发城市活力，促进体育消费。

二、创新做法

（一）规划引领，强化政策保障

黄山市先后出台了《黄山市打造运动休闲健康城市行动计

划（2018—2025年）》《黄山市体育产业高质量发展专项引导资金管理办法》《黄山市建设国家体育消费试点城市工作方案》《黄山市“十四五”体育发展规划》等文件，明确了国际化、专业化、市场化的定位，提出了申办高端赛事、提升自主赛事品牌、鼓励社会力量积极办赛的实施路径，制定了竞争申报、事后奖补、择优支持的专项资金扶持政策。

（二）规格提升，赛事品牌鲜明

黄山市圆满承办了全国竞走锦标赛暨奥运会选拔赛、全国游泳锦标赛、全国跆拳道锦标赛、全国高尔夫球锦标赛等各类国内重大体育赛事活动，见证了2项世界纪录、多项全国纪录的诞生。黄山市创新并持续举办中国黄山绿水青山运动会，2022年该运动会升格为由上海市体育局、江苏省体育局、浙江省体育局、安徽省体育局和黄山市人民政府共同主办的长三角绿水青山运动会，赛程为79天，围绕“乐享绿水青山”主题，设置绿水类和青山类比赛项目6项，开展开幕式、闭幕式、露营大会、体育摄影展主题活动4项。长三角绿水青山运动会线下直接参赛的规模超5 000人，线上曝光量达8 900万次。

黄山市圆满承办了 10 届全国竞走比赛

（三）持续举办，丰富赛事类型

黄山市多次成功举办了中国黄山国际登山大会、中国黄山（黟县）国际山地车节、新安江龙舟赛、黄山·歙县新安江山水画廊国际马拉松、黄山论剑·国际武术大赛、黄山越野跑锦标赛等群众性精品赛事活动。2022 年新培育了围棋、拳击、手球、动力冲浪板 4 个项目的国家级赛事 7 场，同时，联合教育部门举办了游泳、跆拳道、武术等十余项青少年大型赛事活动，以协会为主体开展黄山市社区运动会和“四球一舞”业余联赛，以全民健身日和特色节庆日为节点开展全民健身活动和民俗体育活动。

新安江龙舟比赛

（四）发展“体育+”，助力体育消费

充分依托丰厚的自然、旅游、文化等资源，促进体育与旅游、文化深度融合，打造“体育+”办赛新模式，实现产业资源的整合、互补与共享。通过发展体育赛事，吸引体育健身爱好者来黄山市参赛交流，引导参赛者在黄山市观光旅游，并将其拓展为深度体验游。充分挖掘、利用黄山市本地特有的地方民俗文化体育活动，并进行整合、创新，积极开展文化内涵深厚、特色鲜明、项目多元的，适宜全民参与的民俗休闲健身体

育活动。搭建体育消费平台，在中国黄山绿水青山运动会期间连续举办了三届以“运动约惠 体育新业态”为主题的体育消费节，通过智慧平台线上发放、线下抽奖的模式派发消费券，助力体育消费。同时，设计的赛道穿越民居村落、田野农庄，带动了乡村旅游、休闲健身、农家体验等相关产业的发展，以赛事活动为载体，助力绿色生态价值转换，实现了“体育搭台，经济唱戏”。

（五）增强观赏性，拉动赛事消费

根据社会民众关注的兴趣点，精心设计竞赛项目，增强竞赛表演的娱乐性和观赏性，创新观赏方式，实现“云上”观赛，提升观赛体验，给观赛者带来与众不同的体验和收获。创造“身临其境”的赛场观感，通过电视录播、视频直播、图文直播、水下摄影等方式，全方位、立体化展示比赛实况，实现了“天更蓝、山更绿、水更清”的多视角观赛模式，既增强了赛事的宣传效果、扩大了赛事的影响力，又分享了黄山市的绿水青山，使绿水青山生态文明的理念更加深入人心。

三、经验总结

（一）领导重视，强化部门协作

黄山市委市政府高度重视品牌赛事举办，先后出台了《黄山市建设国家体育消费试点城市工作方案》《黄山市“十四五”体育发展规划》。针对黄山市大型赛事活动多的实际情况，创新性地成立了大型体育赛事活动组委会，建立了联席会议制度，相对固化了组委会成员单位的职责分工，全面协调体育、宣传、公安、卫健、市场、应急等部门，协同推进赛事活动顺利举办，加强了大型体育赛事活动的组织领导，提高了办赛效率。

（二）创新创意，丰富办赛内容

黄山市体育办赛在经历了新冠疫情冲击之后，倒逼其转变了传统办赛的模式，促使其融合线上线下渠道、创新办赛思路、丰富赛事内容。大型赛事项目的设置更加亲民，如中国黄山绿水青山运动会的比赛项目设置联动水陆空，累计设置水上桨板、龙板、滑水、动力板、公开水域游泳以及陆上骑行、登山、越野、徒步、空域风筝等20余项竞技、展演项目，并在组别上分设亲子组、体验组、群众组和竞技组，涵盖各年龄段、各运动项目的户外运动爱好者，能够让参赛者更好地感受到体育运动的趣味，营造了全民健身的良好氛围。

（三）主动融入，加强区域联动

加强区域体育赛事联动。促进体育赛事与城市经济、文化等深度融合，将体育赛事作为城市创新的手段和重要战略，推动品牌赛事成为城市营销的新窗口。积极引进一批品牌知名度高、市场前景广的国际顶级赛事，探索品牌赛事共建、利益共享的体制机制。为进一步促进长三角地区的体育交流，构建一体化体育发展格局，基于中国黄山绿水青山运动会举办的经验，策划举办长三角绿水青山运动会，联动江沪浙、牵手毗邻城，共襄运动盛会。加入华东地区城市体育工作促进会并成为成员单位，承办华东十城市青少年排球邀请赛。积极推动上海市延续 36 年的品牌赛事“新民晚报杯”暑期中学生足球赛落户黄山市，并荣获最佳赛区奖。积极组队参加长三角体育节、长三角水上运动节等赛事活动，学习体验长三角的办赛模式。

（四）社会参与，提高办赛能力

采取“政府引导、社会参与、市场运作”的模式，培育品牌赛事，打造黄山名片。鼓励社会力量办赛，充分发挥黄山市促进服务业高质量发展专项资金和体育产业高质量发展专项引导资金的杠杆作用，每年向社会推出一批赛事活动购买服务清单，通过社会发布、活动推介等形式公开征集赛事执行单位、合作伙伴，支持各类协会、俱乐部、企业和个人在黄山市注册举办或共办各类职业性、群众性赛事活动，推进体育领域招商引资，扩大产业溢出效益，成功引入一批知名体育企业，筹办了环黄山国际公路自行车赛、黄山国际山地马拉松赛等重大体育赛事。

（五）注重本土，培育自主品牌

整合提升现有赛事资源，打造具有自主知识产权的户外运动赛事品牌，做精、做专具有一定规模和影响力、体现黄山特色的自主品牌赛事。在引进高端赛事的同时，依托黄山市生态人文环境和户外运动资源优势，集中培育打造了中国黄山·登山、中国黄山·骑行、中国黄山·论剑、中国黄山·越野、中国黄山·水上五大自主品牌精品系列赛事。

福建省福州市：
强化数字赋能　打造线上与线下
双阵地体育消费惠民机制

一、基本情况

近年来，福州市秉承“数字福州”的品牌优势与规模效应，坚持以数字化赋能体育产业高质量发展为着力点，坚持以数字化赋能体育消费提质增效为落脚点。一是充分发挥“体育+会展+数字”的综合优势，精准把握第四届、第五届数字中国建设峰会数字体育分论坛落地福州市的重要机遇，以“福州智造”服务2022年北京冬奥会为契机，引导众多数字体育创新成果的落地和推广。二是持续深化智慧体育平台体系应用，着力打造“榕e动”福州智慧体育平台，实现了体育政务服务、体育公共服务、体育消费市场监管等一体集成，并面向全省提供体育数字化治理的创新样本。三是全面推进数字体育生态体系建设，先后促进了国家体育总局体育科学研究所运动可穿戴智能联合实验室、智慧体育生产智造产业园等数字体育创新项目的成果转化。四是着力拓展智能化的体育消费场景，以智慧体育公园为抓手，推进城市品质功能提升与智能化体育消费场景建设的有效衔接，培育出群众乐享体育消费等系列项目，加快了数字经济与体育消费的深度融合与创新发展。

二、创新做法

（一）论坛聚“智”，推动数字化体育成果落地

为实现“数字＋体育”的深度融合，福建省体育局、福州市人民政府以福州市承办数字中国建设峰会为契机，积极推动数字中国建设峰会数字体育分论坛顺利举办，通过论坛汇集数字经济和产业领域的专家学者和知名企业代表对体育消费问题进行深入研讨并形成共识，催生体育消费产生新的增长点，推动智慧体育生产智造产业园等项目落地福州市。

明确将数字体育作为转变体育发展方式、创新体育公共服务、培育新的经济增长点的战略举措，主动适应体育发展改革新常态。2022 年，数字中国建设峰会数字体育分论坛再次在福州市召开，福建省“数字体育”服务平台上线启用，数字化体能训练中心建成运行，一批智慧体育公园相继落地八闽。通过数字化赋能，搭建政产学研用一体化协作平台，保

障体育消费软硬件基础设施建设水平稳步提升，释放体育消费新活力。

（二）平台孵“慧”，提高体育服务效率和水平

为构建亲民、便民、惠民的全民健身服务体系，加强全民健身与体育产业规范化、标准化、智慧化建设，提升体育政务服务效率和水平，保障体育消费者权利，福州市着力打造了智慧体育平台“榕e动”。该平台已于2022年4月正式上线，集场馆预约、课程培训、体育赛事、体育资讯、体育政务于一体，可以使市民感受到整合式、快捷化的体育运动线上一站式服务，包括查看附近的运动场馆、选择自己喜欢的体育运动进行预约购票、查看实时余位等。截至2023年8月，共有56家场馆通过审核并入驻“榕e动”，为市民提供多种体育消费服务，包括跆拳道、攀岩、篮球、足球、羽毛球、乒乓球、健身、滑冰等多种体育项目，“榕e动”汇聚了分散化、碎片化的体育服务资源，形成了福州市体育消费的电子地图，促进了体育产品供给端与需求端的精准匹配。

在管理上，“榕e动”对内部注册的体育场馆、赛事、服务人群等数据开展监测，利用数字化管理手段解决了以往体育市场“小、散、杂”的管理难题，有力保障了体育市场环境竞争有序、公平公正。同时，“榕e动”的数据直接对接省

级体育部门服务平台，整合并盘活政府、企业、社会组织和个人的体育资源和体育服务，使健身消费便利化、体育消费场景多元化。

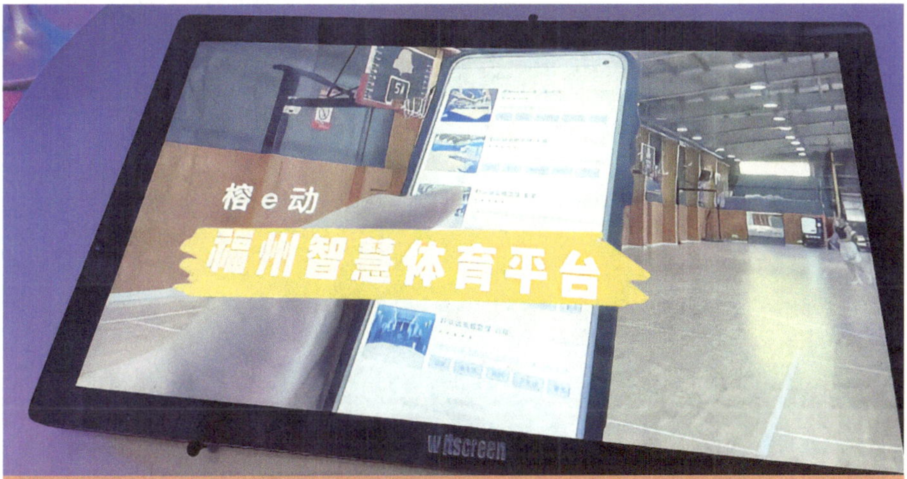

"榕e动"福州智慧体育平台

（三）产业筑"体"，巩固和提振体育本体产业

依托国家数字经济创新发展试验区和"数字福州"平台的优势，推进体育产业"上云用数赋智"。在数字赋能体育用品制造业转型升级方面，引导开展数字化工厂建设行动、智能制造转型行动、智能制造创新体系和人才体系建设行动等，加快推进国家体育产业示范项目提档升级。鼓励支持龙头企业运用大数据、云计算、物联网、区块链、人工智能等数字技术，建设智能生产线、智能车间、未来工厂，实现研发设计、生产加

工、经营管理、销售服务等环节数字化。推动“智能科技+运动健身”服务，先后协助国家体育总局体育科学研究所运动可穿戴智能联合实验室、智慧体育生产智造产业园、可穿戴智能运动健康产品智能化生产线、研发中心等一批数字体育创新项目成果转化并落地福州市，开拓体育消费新增长点。

（四）业态培“育”，拓展智能化体育消费场景

福州市将城市品质功能提升与智能化体育消费场景建设相结合，实现体育公园智慧体育服务、资源调配、管理保障、生态管理等多维度升级。截至2023年8月，福州市已在台江区、鼓楼区、高新区、马尾区、仓山区、长乐区、滨海新城、连江县、罗源县建成9个智慧体育公园，总数居全省第一位，闽清县、闽侯县的智慧体育公园正在建设中。其中，鼓楼区西河智慧体育公园不断探索线上与线下双阵地惠民、供给与需求双引擎开发、服务与消费双渠道供给的模式，搭载在线预约服务平台，实现足不出户、提前预约、扫码进场等便捷服务。向广大市民开放园区内的游泳场、儿童游乐场、智慧跑道和智慧健身器材，每年接待市民群众超过37万人次，旺季期间日均入园可达2 800人次。通过云平台软件系统，设置鼓楼区“十五分钟健身圈”核心节点中控中心，实现了所有运动场地的门禁、灯光、监控、广播等设备智能化管理。在促进体育消费方面，

园区通过市场化运营激发了文创商户及各运动培训机构的动力，年均营业收入超过360万元。园区还以高标准、高门槛、高效能为准则引入一批资质优良的青少年培训团队，打造了自主青少年体育培训品牌“鼓动青春”，自2021年7月开园以来，“鼓动青春”在西河智慧体育公园的营业收入超过180万元。

西河智慧体育公园亲子智能跷板

三、经验总结

（一）规划引领，构筑数字体育消费顶层框架

在总体规划层面明确数字体育发展的现实基础、基本原

则、战略目标、重点任务等，注重数字体育与数字体育消费的有序衔接，并配套相关政策法规予以落地保障。如在《福州市“十四五”体育产业发展规划》中明确指出，要积极探索数字体育发展的新业务、新场景、新模式，提升数字体育影响力。同时，依据各地体育产业发展与数字化转型的差异，联合多部门合力构建体育产业数字化的行业标准，做好数字体育消费的顶层规划保障。

（二）基础先行，构建数字体育消费生态体系

实现数字体育及其消费普惠共享，加强新型基础设施建设，围绕平台搭建、硬件改造、技术整合等方面建立健全智能体育支撑体系。依托数字技术底座推进体育项目建设，如福州市建成智慧体育公共信息平台，推动智慧体育公园全覆盖，促进体育消费需求与体育产业数字化转型良性互动。此外，体育企业是建设数字体育消费生态体系的微观主体和主要实践者，积极引导具备一定基础的体育企业开展数字化转型，鼓励支持地区内先进制造企业、数字信息企业与体育企业协同合作。

（三）人才支撑，夯实数字体育消费创新保障

为高校、科研院所、企业共话数字人才培养模式、共育数

字体育专业人才搭建平台。如福州大学体育科学研究所与企业合作，共建“互联网+体育”数字体教智慧模式，为赛事运营、体育教育、体育服务、新媒体营销等领域实现数字化持续输送优质人才。同时，结合地方居民体育需求和体育市场人才储备等情况，积极引进高层次、复合型的人才，以便更好地服务区域数字体育和经济社会发展。

江西省新余市：打造城市数字体育服务网络　构建体育消费“半小时经济圈”

一、基本情况

近年来，新余市积极探索将体育产业发展与数字经济相结合的模式，着力解决人民群众体育健身“最后一公里”的问题，重点加快体育场馆经营、体育消费管理等方面的智能化融合运用。在推动体育产业数字化转型及创新线上体育消费方面开展了大量工作，建成城市智慧体育综合服务网络，并在持续完善和不断优化下实现多次迭代优化，涵盖了多个体育消费场景。利用推荐算法，实现注册用户与其他用户、教练、场馆、课程、商品、活动、社群（协会）等的智能匹配，为新余市打造“城市体育消费一张图”，构建体育消费“半小时经济圈”打下了坚实基础。

二、创新做法

（一）细致研究，精心制定网络构建方案

通过全面开展新余市体育产业及体育消费发展专项统计调查，梳理研判城市体育产业发展的薄弱环节，详细了解居民体育消费的需求和供给情况，深入查找体育消费领域和体育服务领域的短板，有针对性地制定网络构建方案。同时政府部门参与网络运营与监管，确保相关服务安全、到位。

（二）与时俱进，全方位服务群众体育消费

在功能设置上，力求做到与时俱进，全方位服务群众体育消费。一是构建线上线下一体化的体育场馆预订服务系统和体育赛事活动报名系统，为群众进行日常体育锻炼和参加赛事活动提供支持。二是建成线上线下融合的体育消费服务体系，涵盖体育用品消费、健身运动、体育培训等多个领域，通过大数据分析，为群众体育消费提供更加准确的推荐选择。

智慧马拉松赛事系统

（三）互联互通，加快数字体育服务全覆盖

在服务内容上，强化体育资源互联互通，汇集全市优质公共体育场馆、商业综合体、室内健身站点、全民健身中心等体育消费场所信息，形成“城市体育消费一张图”，展示全市所有场馆的信息、服务项目、收费标准、配套设施等情况，方便群众根据区域、时间、距离等条件精准搜索场馆及健身设施信息。此外，依托智慧体育大数据平台开展了新余市中小学生脊柱健康公益筛查工作，学生筛查数据自动上传至平台，利用大数据算法分析学生身体健康状况并提出科学指导意见，并将分析结果实时反馈学校、家长及主管部门，学校和家长可针对学生的健康状况进行干预和决策，为推动体育康复消费提供了新

的场景。通过体育资源互联互通，满足了群众多元化的体育消费需求，显著提升了新余市的体育服务水平和效率，为增强城市消费内生动力提供了有力支撑。

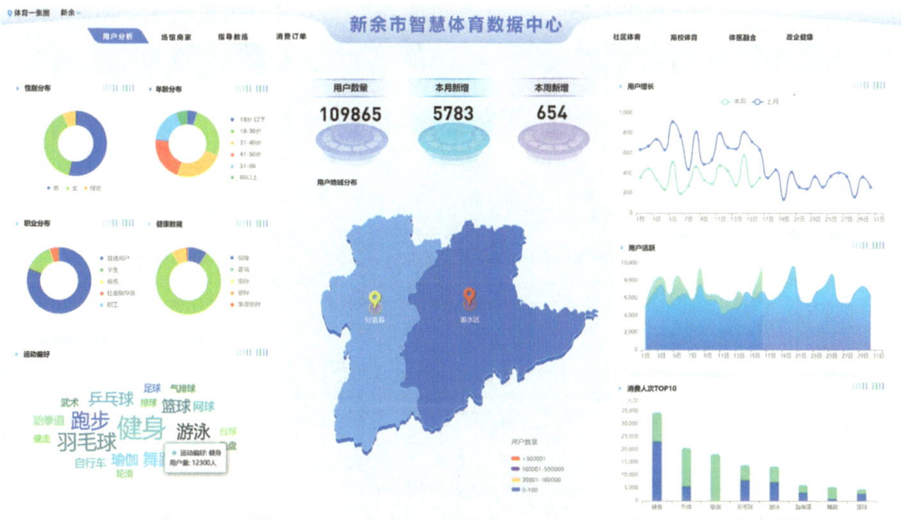

智慧体育大数据平台

（四）强化监管，最大限度保障体育消费者合法权益

为加强对体育消费市场的监督管理，促进体育消费健康发展，新余市通过设立消费投诉在线专员、消费投诉热线等多种方式，加强体育市场监管力度，依法打击各类违法违规行为。截至 2023 年 8 月，已累计为政府及市民群众提供有效服务逾 10 万次。通过智慧体育综合服务网络，全面收集、整合线上线下各类数据信息。一方面从宏观层面了解全市体育消费市场现

状，为政府管理部门提供决策参考；另一方面通过与体育部门进行数据共享、实时监测、及时预警，充分发挥“互联网+监管”的作用，对体育消费发展实施全方位监管，针对线上线下出现的虚假宣传、虚假承诺、违规收费等体育领域的违规经营行为进行精确打击、标记警示、系统通报，极大地保障了广大体育消费者的合法权益，使体育消费市场得到进一步规范。

（五）供需对接，构建体育消费“半小时经济圈”

数字化技术可以实现体育设施的快速预约、支付和消费。新余市充分利用大数据、云计算、人工智能等先进技术构建智慧体育综合服务网络平台，初步实现了体育协会及俱乐部、场馆、教练、商品、活动等与注册用户间的智能对接，精准匹配体育消费供给与需求，提升体育消费的体验性和参与感。截至 2023 年 8 月，智慧体育综合服务网络平台注册用户数突破 7 万人，占全市经常性进行体育锻炼的人数（约 40 万人）的比例高达 15%，日活量达 7 000 余人，入驻体育协会及俱乐部的企业有 52 家，举办赛事活动 20 余次，成交订单 35 283 笔，总成交额约为 450 万元，创造间接经济价值 1 031.57 万元，完成 4 个体育场景应用落地，覆盖全市最大的体育综合体（市体育中心）、新余学院、体育商家及各类场馆（236 家）、智慧无人健身房（4 个），基本建成体育消费“半小时经济圈”，为群众体育消费提供了强有力的支撑。

三、经验总结

（一）体育消费“网络”是基础

中小城市经济实力薄弱、人口较少、财力有限，人均可支配收入与大城市相比差距明显，中小城市在发展体育消费上不适宜重资产布局体育基础设施。如何在现有的基础上以最低的人力、物力、财力提升居民体育消费水平、转变传统体育消费观念，是新余市体育消费试点的“核心课题”，同时也是全国绝大多数中小城市发展体育消费的“痛难点”问题。经过三年试点，新余市逐步探索出一条符合中小城市体育消费发展的“新”路子——以打造完善城市“15 分钟健身圈”为抓手，科学研判体育消费市场，打破传统体育消费壁垒，统筹线上线下体育消费资源，构建智慧体育综合服务网络。同时在扩大体育消费需求、增加体育消费供给、降低相关成本上下功夫，构建稳定、高效、智能的体育消费全产业链体系，持续增强体育消费的内生动力。

（二）体育消费“经济圈”是动力

中小城市体育消费环境存在分布散、规模小的特点，线上体育消费仍停留在初级探索阶段，具有较大的发展潜力，是促进城市体育消费的重要抓手。线下传统的体育消费模式难以形成规模且消费黏性不足，体育消费者获得产品服务的途径单一，体育企业获得有效客户的渠道狭窄。因此，中小城市发展体育消费的重点是要解决体育消费资源的统筹调配问题，畅通消费者与企业间的联系。新余市通过构建城市体育消费“半小时经济圈”，有效实现了全市体育消费资源的统筹调配，建立了消费者与企业间的直接联系，为城市体育消费的发展注入了强大动力。

（三）体育消费“平台”是载体

目前，全国不少中小城市存在体育消费供给不充分、不平衡的问题，与人民群众日益增长的多元体育消费需求存在一定的差距。在供给侧，不少体育企业难以了解客户需求，在产品创新和服务创新方面存在不足，无法提供高质量的体育产品和服务。在需求侧，随着生活水平的提高，人民群众对于体育消费品质的要求不断提升，如果市场供给难以满足，体育消费向更高质量发展将面临“天花板”限制。从新余市的实践经验可以看出，解决这一问题的关键在于构建体育消费平台。通过信息化手段破解市场需求与供给的信息不畅问题，既使体育企业能够迅速掌握消费者需求，又使消费者能够全面了解体育企业所能提供的产品与服务，通过市场调节逐步实现体育消费与供给的均衡，为促进城市体育消费持续健康发展提供有力支撑。

山东省青岛市：建立多元化解纠纷机制 营造安全放心消费环境

一、基本情况

近年来，在政策鼓励、资本青睐、群众需求等多重因素的推动下，体育产业和全民健身事业飞速发展，居民体育健身消费热情日益高涨，各种健身机构发展迅速。在此过程中，体育预付费消费出现了很多问题，特别是在新冠疫情期间，健身机构关门“跑路”、会员卡退费难、健身群众维权难等问题时有发生，消费者合法权益难以得到有效保护。山东省消费者协会发布的《预付式消费专题调研报告》显示，在山东省的预付式消费投诉中，健身类投诉最多，占比超过30%。

为解决体育消费纠纷，青岛市体育局积极探索多元化解机制，通过创办体育消费纠纷巡回法庭、筹建体育消费纠纷调解中心、成立体育产业诚信联盟、创建预付消费监管服务平台等多项举措，规范体育市场秩序，维护体育消费者的合法权益。

二、创新做法

（一）创新体育消费纠纷巡回法庭智能识别和自动分案机制

青岛市体育局联合青岛市中级人民法院、青岛市李沧区人民法院成立国内首家体育消费纠纷巡回法庭，专项审理体育消费领域纠纷案件，提供相关法律咨询服务，为消费者权益保护开设“绿色服务通道”。针对体育消费纠纷群体性的特点，积极推行示范诉讼模式，筛选主体相关、案情复杂的3个代表性案件，明确关联案件的裁判思路，实现了“一案示范、一批化解”的良好效果。体育消费纠纷巡回法庭自2021年成立以来，共审结体育消费案件72件，多元化解预付式体育消费纠纷1 300余件。同时与人民法院共建失信惩戒联动体系，健全失信曝光台、星级荣誉榜等评价机制，推送了11条失信信息，对5家健身机构采取了失信、限高等惩戒措施，在全社会营造了诚信经营的良好氛围。

（二）完善诉前调解机制，筹建体育消费纠纷调解中心

为了更好地简化维权程序、降低维权成本、推进矛盾纠纷源头预防与化解，青岛市体育局积极探索筹建体育消费纠纷调解中

心。吸纳区体育协会、瑜伽协会、商圈运营商等社会力量入驻体育消费纠纷调解中心，协助850余名会员与健身机构对接，对潜在的群体性诉讼风险做到早发现、早处置，从纠纷发生的源头进行化解。依托青岛市体育产业诚信联盟，协调联盟内成员通过接手剩余课程、安排就近健身等方式，妥善处置健身卡消费纠纷。

（三）创新体育类预付消费资金监管机制，指导开发预付消费资金监管服务平台

积极探索建立健身消费卡预付资金托管模式，维护消费者权益，营造放心、便捷的消费环境。一是开发了国内首个“运动官数字体育SAAS服务系统”，帮助体育服务企业快速形成成熟的营销网络、降低推广成本。在体育类预付消费资金监管方面进行了大胆创新，与央行支付牌照第三方平台、青岛银行成立了三方共管的体育消费资金安全监管账户，消费者从运动馆购买的任何课程、场地，都执行按次收费，每次服务完毕都会通过体育消费资金安全监管账户付款，如果对商家服务不满意，消费者可以随时申请退款，这种方式能够有效解决退费难的问题。二是开发了国内首个用于体育消费领域的数字人民币预付消费资金监管服务平台——“智金卫士”。消费者通过“智金卫士”小程序购买商家提供的预付费健身产品后，未消费的剩余资金及权益可在商户服务平台或数字人民币App“元管家”中随时发起退卡申请。

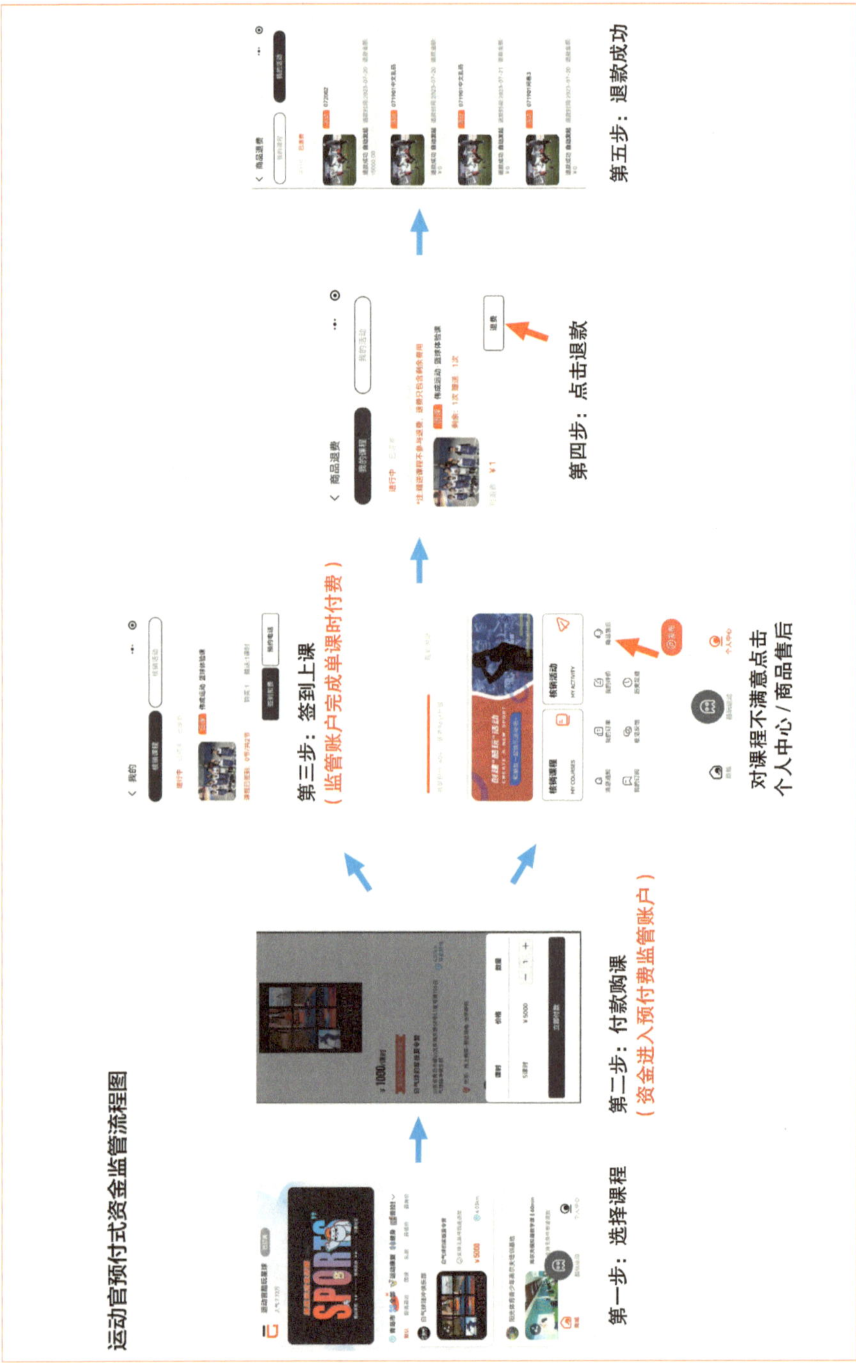
运动官预付式资金监管流程图
第一步：选择课程
第二步：付款购课
（资金进入预付费监管账户）
第三步：签到上课
（监管账户完成单课时付费）
对课程不满意点击
个人中心 / 商品售后
第四步：点击退款
第五步：退款成功

预付式资金监管流程图

三、经验总结

（一）加强制度设计

建立健全多元纠纷解决机制，设立体育消费纠纷巡回法庭和体育消费纠纷调解中心，充分发挥体育行政管理部门和人民法院的职能作用，在消费纠纷经调解无法达成一致时，通过该工作机制启动专项程序审理，提高化解矛盾纠纷的效率。

（二）强化行业自律

成立体育产业诚信联盟，统一规范行业合同文本，减少或避免合同纠纷。商家主动张贴诚信经营承诺书和监督电话，自觉接受社会监督。设立体育健身经营单位失信曝光台、星级光荣榜，将信用考评记录纳入全市统一信用管理体系，督促商家合法、

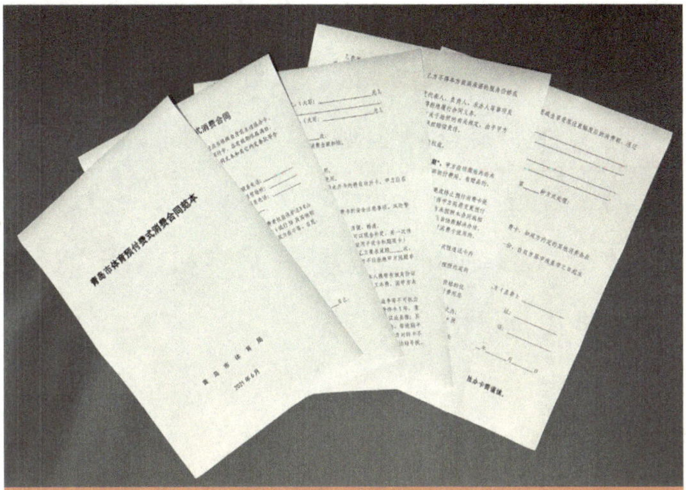

青岛市体育预付费式消费合同范本

合规经营，注重服务质量，提升品牌意识，用口碑赢得市场。

（三）注重数字赋能

探索建立健身消费卡预付资金托管模式，指导开发预付消费资金监管服务平台，鼓励广大体育健身、培训企业积极入驻。在平台推广使用初期，通过政府购买服务的方式，让全市所有体育服务企业享受免费入驻平台的红利，不断推动数字科技赋能体育产业转型升级。

（四）加大普法宣传

引导消费者增强风险防范的主动性和自觉性，办卡前认真阅读合同条款，充分了解经营者的资质，选择一些证照齐全、信誉度比较高、经营状况良好的商家。注重理性消费，根据自身的实际需要选择金额相对小、时间比较短的预付卡。同时，在消费过程中，注意及时保留证据，一旦发生了消费纠纷，可以通过与商家协商、拨打消费维权热线和运用法律手段等多种途径维护自己的合法权益。

广东省深圳市：数字技术全方位护航　引领体育消费工作机制创新

一、基本情况

深圳市依托入选国家体育消费试点城市的有利时机，聚焦智能化、数字化、信息化机制创新，通过数字化平台建设、智能健身模式开发等方式，在拓展体育消费场景、挖掘体育消费潜力、提升体育消费体验等方面积极开展探索，着力破解在供给侧和需求侧层面制约体育消费发展的问题，持续推出促进体育消费的系列新措施、新活动、新平台，创新体育消费引导机制，拓展节假日体育消费、夜间体育消费、体育观赛消费等新模式，着力提升体育产品与服务质量。2020—2022 年，深圳市体育消费规模从 557 亿元增长到 665 亿元，人均体育消费水平从 3 175 元增长到 3 765 元。2022 年，深圳市人均体育消费占人均消费总支出的比重为 8.41%，体育消费对城市经济发展的贡献度进一步提升。

二、创新做法

（一）技术机制创新，整合全市体育场地资源

深圳市组织专门的工作力量，对分属政府、学校、企业和居民小区等不同主体的文化体育设施进行了全方位摸排，收集基础数据信息、分析市民需求及供给缺口、深挖场地使用潜能，形成了全口径的体育场地基础信息台账。在此基础上，采用“SASS+平台”技术模式创新体育场馆“一网统管、一体统筹、一键预约”的工作机制，搭建“一键预约”平台，一方面发动各区号召辖区内的体育场馆接入平台，另一方面支持运营公司以市场化的方式吸引社会体育场馆接入平台，将学校场馆、社会场馆、公共场馆等各类体育运动场馆纳入其中，涵盖足球场地、羽毛球场地、篮球场地、网球场地、游泳场地等 50 多种运动场地。同时对数据资源进行集中管理，打造全市体育场地资源数据信息“一张网”，不断提升场馆资源的规模化、集约化和差异化使用水平，为市民提供“一站式”数字公共体育场馆预约服务，实现全量预约信息的传播和展示，方便市民随时随地挑选自己喜爱的体育项目和场馆。“一键预约”平台自运行以来，累计接入场馆 1 751 所，其中包括学校场馆 639 所、社会场馆和公益场馆 1 112 所，共计开放运动场地 6 740 片。

“一键预约”平台最大限度拓展用户市场，截至目前，累

计注册用户 88.3 万人，累计访问量 3 826.5 万人次，累计入场锻炼市民约 1 048.3 万人次。日均访问量 6 万人次，日均入场锻炼市民 1.7 万人次。

（二）运营机制创新，有效提升场地利用效益

开发市级 BI（商业智能）分析账户及区级基本数据统计账户，对场地接入、使用情况进行动态监测，实时掌握并展示各体育场馆的锻炼人数和预订订单数，打造全市体育场地资源的调度平台，切实做到让想运动的人找到场地、让已有的体育场地得到有效利用。

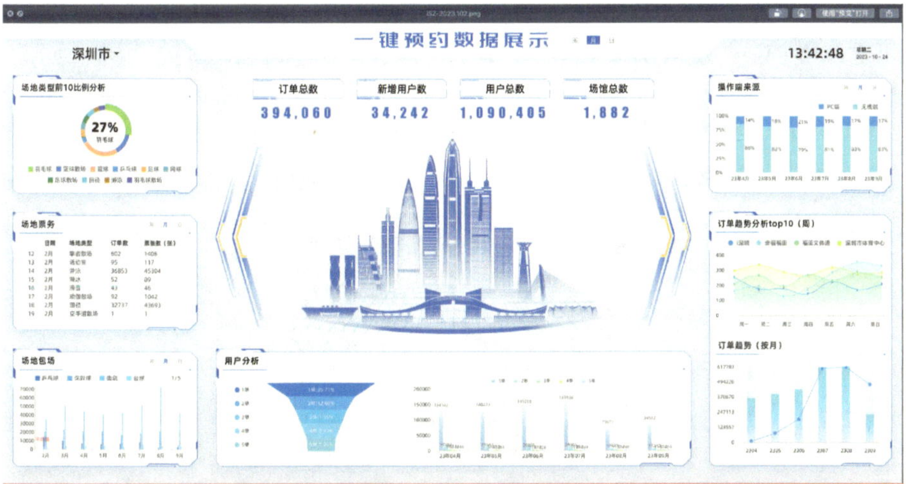

数据展示、分析平台

同时，平台先行先试，引入第三方专业运营机构对文体场馆

和校园文体设施进行专业化、一体化运营，有效解决了公益性场馆运营时间和模式相对固定、社会场馆过于注重经济效益、学校体育设施使用群体固定等问题。如义务教育阶段学校体育场地工作日“朝一暮二”向市民开放（早上开放1小时，晚上开放不少于2小时），周末和节假日开放时间不少于8小时，打破了学校与社会之间的壁垒，最大化地发挥了存量体育场地的效益，破解了学校场地开放难、学校体育场馆利用效益不高等问题。

（三）消费机制创新，不断激发市民消费热情

深圳市通过“一键预约”平台发放各类消费券、现金券，市民领券后通过平台预订体育场馆可享受最低6折的优惠。2022年共发放4 900万元的优惠券，平台订单量约261万宗，累计入场锻炼市民约597万人次，拉动相关消费约3亿元。2023年，深圳市计划通过平台发放约6 000万元的优惠券，一方面让广大市民更多地了解平台、使用平台，另一方面让市民通过平台找到身边的文体场馆，并以较为优惠的价格预订、使用场馆，鼓励更多市民健身。

同时，平台也在持续改善功能，新增赛事活动、积分兑票、场馆打卡收藏和推荐等功能，完善高效订场、一键支付、报名参赛、抢票服务等功能，以科技赋能全方位提升市民文体消费、竞技娱乐的综合体验。

（四）智能设施建设机制创新，提升全民健身质效

2020年制定了《深圳市实施全民健身设施智能化提升工作方案（2020—2025年）》，在全市开启全民健身智能化升级，创新推出了融合新一代信息技术的室外智能健身房。截至2023年8月，深圳市的各大公园、社区、园区、校园相继落成了110余套室外智能健身房，向市民免费开放。市民在此可以测试自己的体质健康状况，获得智能化的科学健身指导，实时掌握自己的运动健康数据。室外智能健身房还支持线下比拼、线上较量的"云竞技"模式，依托智能化、数字化解决了广大人民群众"去哪儿健身""怎么健身"的难题。

室外智能健身房

三、经验总结

体育领域的智能化、数字化、信息化机制创新是深圳市体育改革的新成果，有利于深入挖掘存量体育资源的潜力、提升资源使用的便利度，推动形成良好的运动方式和良性的体育消费环境，是促进体育产业发展的新动能、助力经济发展的新业态。

（一）搭建了资源汇集的平台

一是整合体育产品和服务的供给与消费的相关信息，为政府实时掌握体育活动消费端和供给端的实际情况提供了重要参考。二是依托数字化平台的巨大访问量，为体育企业引流，提高各类体育场馆、体育产品的曝光度，进一步促进体育消费。三是为市民提供“一站式”数字体育服务，实现全量信息的传播、展示，方便市民随时随地实现一键预约入馆、体育场地预订、活动报名和商演购票等操作，极大地便利了市民参与体育健身活动。

（二）提升了体育产品和服务的质量

在数据赋能社会发展的趋势下，数字技术为体育产业转型发展带来了全新的思路，智能健身、智能场馆等的应用为体育赛事、健身活动等提供了更为丰富的消费场景，有助于开拓体育消费市场，激发体育消费活力。室外智能健身房是这一全新思路下的创新产品，结合人工智能、物联网、云计算、大数据等技术，为人民群众提供更加科学的训练空间与运动方案，为消费者提供了线上与线下相结合的数字体育服务，促进了体育消费水平的快速提升和体育消费结构的优化升级。

（三）成为建设全国全民运动健身模范城市的助推器

2022 年，深圳市获评首批全国全民运动健身模范城市。深圳市不断加大公共体育设施的投入力度，着力建设市民身边的体育设施，力争 2025 年实现“10 分钟健身圈”全覆盖。体育领域的智能化、数字化、信息化机制创新切实践行了“都市型、智慧型、共享型”公众体育消费理念，通过资源整合、产业融合、智能改造等方式，有效盘活了存量体育资源，推动了普惠性非基本公共服务提质扩容，为推进符合超大型城市发展需求的体育资源错时共享新模式进行了有益的探索，为构建更高水平的全民健身公共服务体系储备了丰富的设施、资源、市场，成为建设全国全民运动健身模范城市的助推力量。

第三章

模式创新：
因地制宜，打造模式

试点工作中的“模式创新”，是指试点城市在促进体育消费的场景打造、体育与其他产业的融合等方面所开展的改善与创新活动，目的是使体育消费的场景与模式更加丰富，不断激发消费者参与体育运动、进行体育消费的热情，推动体育消费持续健康发展。

江苏省常州市、浙江省宁波市、浙江省金华市、四川省成都市和贵州省遵义市围绕体育消费“模式创新”积极实践，积累了丰富的创新经验，具体呈现出以下四个方面的特点。

一是强化顶层设计，培育壮大体育产业发展主体。体育消费试点城市坚持政策引导、强化顶层设计、建立多部门合作的工作协调机制，完善配套政策。充分发挥政策杠杆的作用，进一步采取更加积极的措施，支持体育产业发展主体。常州市由市政府牵头，整合体、教、卫三方资源，充分挖掘青少年脊柱健康防控市场需求。金华市出台一系列政策文件解决了“体育+”特色村（居）“是什么”“怎么建”等问题，为工作开展指明了方向。遵义市在全省率先挂牌成立市教育体育局，将教育和体育合二为一，从机制源头上破除原有体教融合壁垒，打破部门界限。

二是促进体育产业深度融合，提质扩容消费转型升级。无论是“体育+”还是“+体育”，体育产业融合已展现蓬勃生机，在模式创新案例中，试点城市均提到产业融合，通过融合衍生出新产品、新市场、新业态和新发展模式，产业融合成为体育消费提质扩容的重要途径。宁波市发展户外运动，促进户外运动全产业链融合发展；常州市促进体卫融合，营造运动康复消费场景；遵义市走体教融合之路，聚焦足球产业链融合发展。

三是多方联动齐努力，打造品牌显特色。依托城市特色资源或优势业态，打造凝聚地方特色的体育赛事品牌、体育节庆品牌、体育旅游品牌和运动城市品牌等，加强体育品牌形象的传播，营造积极的体育消费氛围。宁波市打造“运动宁波”的户外“金名片”，塑造运动城市品牌；金华市利用“全国网红垂钓大赛”提高金华市“体育+”特色村（居）的品牌知名度。

四是构建多元化消费场景，数字赋能提升消费体验。体育融合发展带来体育消费场景的多元化，拓展了体育消费的时空。成都市以场地设施为依托，以赛事活动、健身休闲为核心，以新技术、新模式、新业态为特色，累计培育打造体育场馆、社区邻里、户外营地、城市公园、旅游景区、美丽乡村、商业中心、工厂文创八大类型的体育消费新场景。

江苏省常州市：
创新体卫融合模式　促进体育康复消费发展

一、基本情况

体卫融合是体育与医疗和卫生系统以主动健康为协同治理目标，通过项目和活动进行资源链接，以卫生预防、健康促进、健身指导、运动干预为实施内容，协同实现对全周期、全人群疾病预防、健康管理、保健康复的健康促进新模式。体卫融合对于保障群众身体健康，促进体育康复消费具有重要意义。

在体卫融合创新方面，常州市高位部署、高点谋划、高效推动，围绕体卫融合网络建设、慢病运动防治、青少年脊柱健康公益筛查等在全省率先进行探索创新，取得了诸多富有成效的实践成果。截至2022年底，常州市共为市民提供运动损伤诊疗及康复治疗、慢病运动干预、脊柱侧弯运动矫治、国民体质测定、运动健身健康管理、赛事医疗保障、运动健康科普等体育康复服务90多万人次，累计实现相关消费收入5500多万元。

二、创新做法

（一）营造体育康复消费场景，构建覆盖城乡、资源分配合理的体卫融合服务网络

在体卫融合发展中，江苏省运动促进健康中心、社区卫生门诊部、社区健身实践基地三者互为补充，医生、护士、体能教练、康复治疗师、社会体育指导员各司其职，开展运动健身、体质体能测评、慢病运动健康促进等服务，积极营造体育康复消费场景，将体育康复服务延伸到基层社区。2019 年 3 月至 2022 年 12 月，常州市累计为高血压、糖尿病、高脂血症、高尿酸及超重肥胖等慢病人群提供体育运动干预近 8 万人次，累计实现相关体育康复消费收入近 1200 万元。

（二）政府强化顶层设计，整合体教卫三方资源，充分挖掘市场需求

1. 建立脊柱侧弯防控中心，服务体育健康消费需求

在促进青少年体育康复消费方面，由常州市政府牵头，教育局与体育局联合挂牌成立市级脊柱侧弯防控中心，出台脊柱筛查政策，由教育局统一安排筛查时间，设校内对接人员，由专业团队进驻中小学校园开展脊柱健康公益筛查服务，已为常

州市128所中小学的约13万名学生进行了脊柱健康公益普查。在服务过程中，筛查团队开发了智能化软件管理系统，显著优化了脊柱健康防治流程，对每位学生的档案进行数字化管理，从筛查到治疗过程和结果均可一键查询，为每位参与筛查的学生都建立了个人数据档案以便长期追踪。在此基础上，筛查团队深入挖掘脊柱运动干预市场需求，在周末及寒暑假开设脊柱健康训练营，为有需求的学生提供集中体育运动纠正指导和治疗服务。2022年初至2023年7月，脊柱康复项目服务收入累计达375万元。

青少年脊柱侧弯干预

2. 共建专业实习基地，促进体卫融合人才培养与选拔

在体卫融合人才培养方面，2023年常州市体育医院与常州

大学体育学院、河南师范大学体育学院签署协议，共建专业实习基地。实习基地每年约为40位来自各大高校运动康复专业的本科生、研究生提供跟岗实习、进修、研究生联合培养等服务，为常州市选拔优秀的体卫融合人才，打通常州市体育康复领域政产学研用的“最后一公里”。通过上述措施，常州市体卫融合人才培养与选拔体系初步建立，为促进体育康复消费提供了坚实的人才支撑。

（三）围绕运动康复主题，搭建学术交流平台，展示前沿技术成果

中国常州国际运动康复大会是国内运动康复领域规模最大的国际性学术交流平台之一。2023年第七届中国常州国际运动康复大会召开，大会以“运动与健康”为主题，邀请20多位国内外运动康复领域专家，围绕体卫融合、青少年科学训练、运动康复技术、术后及功能障碍康复、动作纠正及功能性体能训练等内容进行主题演讲，共吸引来自全国20多个省（区、市）的大专院校、科研院所、医疗机构、体育管理及训练部门、健身会所等的千余名代表参加。中国常州国际运动康复大会搭建起运动康复领域最新科研成果和学术前沿信息的交流平台，积极传播新理念、新技术、新方法，促进了常州市体卫融合发展，为推动体育康复消费打下了坚实基础。

中国常州国际运动康复大会运动康复产品互动展示

三、经验总结

（一）坚持政策引导，强化部门联动

为推进体卫深度融合，促进体育康复消费，常州市不断加强政策引导，强化部门联动，先后制定并颁布了《常州市关于促进全民健身和体育消费推动体育产业高质量发展的实施意见》《常州市运动健康城市建设三年行动计划（2018—2020年）》《常州市运动健康指导门诊建设实施意见》《常州市全民健身实施计划（2021—2025年）》《常州市“十四五”体育发

展规划》《常州市推进国家体育消费试点城市建设三年行动计划（2020—2022年）》等政策文件。这些政策文件均将推动体卫深度融合、促进体育康复消费列为重要内容；同时还明确了重点工作内容，组织市体育局、市卫健委、市教育局等责任单位分解目标任务，明确工作要求，压实工作责任，共同推动体卫融合和体育康复消费发展。

（二）培育消费氛围，引导市场成长

目前，运动防治慢病、运动促进健康的理念得到社会各界的认可，但是群众仍然缺乏主动参与体育康复消费的动力。为解决这一问题，常州市近年来通过不断优化公共体育服务供给、举办各类赛事活动、发放体育消费券等手段进一步激活市民健身热情、营造火热的全民健身氛围、扎实推进运动健康知识科普工作，引导市民培养运动促进健康消费的理念，为体卫融合发展和体育康复消费水平的提升筑牢了基础。

（三）重视人才培育，优化服务供给

常州市将市体育医院确定为体卫融合的人才培养平台，重点培养具有体育和医疗双重专业知识背景的专业技术人员，培育学科带头人，组建“医生 + 物理治疗师 + 体能训练师”的运

动康复复合特色团队，为体育康复消费提供人才支撑。

此外，常州市大力支持成果交流转化，扩大体卫融合促进体育康复消费的影响力。体卫融合团队的人数从 2016 年的 13 人发展到 2023 年的 90 余人，成为江苏省内乃至全国各地市级城市中规模较大的体育科研团队，对促进体育消费具有重要作用。

（四）推进合作交流，强化平台搭建

一是通过举办中国常州国际运动康复大会，搭建起促进体卫融合的国家级交流平台。二是积极扩展合作渠道，常州市第一人民医院与市体育医院合作组建“运动干预部”，畅通“双向转诊”通道。三是积极与高校智库合作，发挥常州大学建设全国健康学校平台的作用，推进体卫融合项目建设、政策制定、决策咨询等工作，为促进体卫融合和体育康复消费向更深、更广的方向发展提供坚实保障。

浙江省宁波市：
围绕优良生态资源 探索户外体育
消费发展模式

一、基本情况

2020 年宁波市成功入选国家体育消费试点城市。在试点工作中，宁波市积极推进体育消费机制、政策、模式和产品创新，推动全市体育消费增长和消费结构升级，并取得显著成效。统计数据显示，2022 年宁波市居民体育消费总规模达 291.51 亿元，较 2020 年增长 12.48%；人均体育消费 3 030.87 元，较 2020 年增加 346.56 元，增长 12.91%。随着社会经济的发展，户外运动日渐成为一种新兴的社会时尚运动，代表着健康的生活方式。据中国户外联盟（COA）统计，我国每年有 1.3 亿人参与户外运动，户外运动领域具备广阔的发展空间。探索户外运动发展模式，不仅有助于满足人民群众多样化的体育需求、带动城乡一体化发展，还有助于促进体育及相关产业的消费升级、推动全民健身和全民健康深度融合。

二、创新做法

（一）优布局、强建设，持续完善全域户外的产业发展格局

宁波市有山有水、有江有湖有林、有海有岛有滩，拥有开展户外运动的天然资源优势。宁波市在完善全域户外运动产业发展格局方面采取了以下举措。

一是优化空间布局。科学的空间布局是促进户外运动高效合理发展的系统性谋划，起到总体引领作用，意义重大。近年来，通过落实国家体育总局、国家发展改革委等部门联合印发的《户外运动产业发展规划（2022—2025年）》，浙江省体育局印发的《浙江省户外运动发展纲要（2019—2025年）》的相关要求，宁波市逐渐构建起了覆盖全域的“山地水上遍地开花、冰雪运动点状示范、航空汽摩多极辐射，各类运动竞相呼应”的户外运动产业发展格局。利用城市沿海区域的地理区位优势，大力发展帆船帆板、海钓、桨板、冲浪、潜水、滑水、水上快艇、水上飞行等适宜在海洋开展的、时尚新颖的户外项目，构建海陆空三栖的户外项目格局，打造国内一流、世界知名的滨海户外运动集聚地。利用甬南区域地形多变、生态优良等先天优势，面向市场需求，大力开发以登山、徒步、骑行、露营、攀岩、素质拓展、蹦极、户外穿越等为代表的多类型的

山地户外项目，探索开发一定数量的冰雪、航空运动项目，力争创建国家级山地户外运动示范区。

二是完善基础设施。近年来，宁波市持续推动体育基础设施建设，以宁海国家登山健身步道、奉化市健身步道、鄞州“千里云道”等为代表的一大批户外基础设施为户外运动开展提供了有力保障。此外，宁波市还充分利用城市空置场所、仓储用房、高架桥下、“三改一拆”后的空地及边角地、低效地等，建设了羽航体育·潘火体育公园、甬江 TOD 体育公园等一批便民利民的户外运动设施；利用各类旅游景区、公园、产业园区等，通过新建或设置临时性的体育设施等方式，以山地户外营地、水上运动休闲中心、冰雪场地、汽车自驾车营地、徒步骑行服务站、航空飞行营地、船艇码头等设施为重点，新建了宁波万博鱼水上运动休闲基地、东旦时尚运动沙滩等一批户外运动综合体。

宁波万博鱼水上运动休闲基地

三是发挥集聚效应。产业基地和特色小镇的平台作用异常显著，能最大限度地发挥产业集聚和融合效应。宁波市立足资源禀赋和文化特色，对标国家级、省级相关创建遴选标准，培育出了一批以单项户外运动为特色、产业为引领、融合为依托、集聚为核心的运动休闲特色乡镇和产业基地。在培育和建设之初，高度重视规划工作，优化功能和空间布局，注重特色化、差异化，以新理念、新机制、新载体推进产业集聚和升级。截至2023年8月，宁波市共拥有国家体育产业示范基地3个、国家体育旅游示范基地1个、省级运动休闲基地4个、省级运动休闲乡镇（培育单位）10个，宁海县深甽镇享有“中国运动杖之乡”的美誉，运动杖年产值占到全国同类产品年总产值的80%以上。

（二）扩主体、促融合，持续塑造“运动宁波”的户外“金名片”

宁波市的绿水青山为户外运动提供了最好的平台。宁波市依托长三角经济、交通、文化发达等独特优势，瞄准人民群众对户外运动的热情和需求，聚合社会力量，全力打造“运动宁波”城市品牌，具体采取了以下举措。

一是壮大经营主体。户外运动经营主体是推动户外运动蓬勃发展的第一驱动力，必须通过多种渠道激发经营主体参与的积极性。一方面，宁波市扶持户外企业不断发展壮大，着力扶持一批具有自主品牌、创新能力好、竞争实力强的户外运动骨干企业和一批具有本土优势和较强竞争力的中小型户外运动企业，通过政策指导、政府购买、信贷支持、专项资助、配套协作等多种形式扶持企业发展。除户外运动企业外，户外运动社会组织也是经营主体的重要组成部分。按照政社分开、管办分离的原则，加快推进宁波市户外运动协会、市长跑协会、市轮滑协会、市水上运动协会等户外运动社会组织的社会化、实体化改革。截至 2023 年 8 月，以牧高笛为代表的户外用品制造企业在业内占据领先地位，宁波国际赛车场、宁海越野挑战赛获评国家体育产业示范项目，涌现出宁波半山伴水度假村、九龙湖旅游度假区、奉化徐凫岩户外运动基地等深受群众喜爱的户外运动精品项目。

二是丰富产品供给。产品供给的种类和水平是吸引大众参与户外运动的根本性因素，产品供给主要包括户外运动项目和赛事两个层面。针对户外运动项目供给，宁波市已初步形成了水陆空全覆盖的户外运动业态体系，以登山、徒步、骑行、露营、帆船、皮划艇、滑翔、滑雪、赛车、高尔夫、马术等为代表的一大批户外运动项目蓬勃发展，为人民群众提供了丰富多样的户外项目选择。针对户外运动赛事，宁波市充分发挥自然资源、产业发展、人文环境及区位优势，因地制宜地举办马拉松、越野跑、自行车、帆船、皮划艇、铁人三项、汽车摩托车运动等精品户外运动赛事。宁海越野挑战赛、WTCR 房车世界杯赛中国宁波站、“一带一路”国际攀岩大师赛等国际高端赛事长期落户宁波市，宁波国际马拉松获得国际田联银标赛事，以奉化海峡两岸桃花马拉松、“一带一路”中国四明山百公里山地户外运动挑战赛、滨海体育嘉年华等为代表的一批品牌赛事深受好评，初步形成了具有“宁波特色”的户外品牌赛事群。

宁波国际马拉松

三是融合多元产业。产业融合是当今社会经济发展的显著特征之一，户外运动必须迎合这一特征和方向，方能持续产生发展动力。一方面，宁波市打通不同部门的交流渠道，构建体育与文旅、卫健、教育等产业主管部门的沟通协调机制。近年来，宁波市体育局协同市文旅局扎实推动宁波户外运动产业与旅游产业深度融合，已认定省级运动休闲旅游示范基地、精品路线和优秀项目共20个，举办了两届浙江省运动休闲旅游节。另一方面，宁波市积极探索产业融合的具体路径，例如探索传统景区融入户外运动元素，建设一批以户外运动为特色的体育旅游目的地；探索户外运动与健康产业融合，发挥户外运动在防病、治病、康复等方面的作用；探索户外用品制造业向智能化、高端化、专业化方向转变，开发以移动互联网为支撑的智慧户外服务体系，构建户外产业生态圈。

（三）小步道、大文章，持续发力建设“环浙步道”示范区

《户外运动产业发展规划（2022—2025年）》指出要高度重视步道建设，强调要统筹推动构建可持续发展的国家步道体系。宁波市是国家登山健身步道的发源地，2009年宁海县建成全国首条国家登山健身步道，因“一条砍柴路，升级为观光路、健身路、富民路、强县路”而成就一张县域名片。2021年起，浙江省启动建设“环浙步道”工程项目，计划在“十四五”期间建成1万公里省内闭环、省际畅通的步道网体系。步道串联山水、步道激活资源、步道推动健身、步道助力发展、步道涵养文明，“小步道”里有“大文章”。建设好“环

浙步道”具有多重价值和意义。宁波市在“环浙步道”上走在前、做表率，具体采取了以下举措。

一是率先建成“环浙步道”省级主线。“环浙步道”省级主线约2 300公里，其中宁波段约252公里。宁波市加快制定实施方案，落实辖区内路段的工作任务并在全省率先保质保量全面完成。加快推进“勾连成网”建设，做到宁波市省级主线全线贯通、连通，无死路、断头路；加快实施建设修整，本着因地制宜、就近取材的原则，环保、节约、高标准、高质量地推动建设，建设标准全部达到《“环浙步道”技术导则（试行）》的要求；加快完善服务系统，服务系统由标识标牌、驿站和节点组成。

二是率先规划建设“环浙步道”市级路段。在做好省级主线建设工作的同时，宁波市在全省率先规划建设“环浙步道”市级线路。市级步道是主线的拓展延伸，以主线为主干线，以网格化规划为原则，做好脉络延伸、贯通连通、安全便利、突出特色、科学规划。2021年底，宁波市编制完成了《宁波市“环浙步道”建设规划》（以下简称《规划》）。依托山、海、城相融共生的特点，规划建设形成“一环串两脉，三轴通山海，三带展风采，六片走千川”的步道空间格局。规划总里程数近1 200公里，其中，省级主线约250公里，市级路段约950公里，沿线串联起300余个具有较高历史、人文和自然价值的资源节点。在《规划》的基础上，宁波市制定了《宁波市

“环浙步道”建设工作实施方案（2022—2023年）》，明确一年初见规模、两年全部建成的先行建设目标，根据各地实际，制定步道建设的考核指标及评分标准，层层分解任务、压实责任，保障步道建设的有力推进。据统计，宁波市拟安装指引柱2 600余个、标距柱700余个、各类标识标牌400余个，同时新建提升一批驿站、游客中心等配套设施。

三是率先通过全面验收。浙江省体育局委托各市体育部门负责对辖区内的“环浙步道”开展验收工作。验收形式为完工巡线和线下验收相结合。各区（县、市）体育部门须在完工时使用“环浙采集”App对辖区内省级主线进行完工巡线。各地市体育部门须登录“环浙步道”管理系统，下载打印区（县、市）提交的完工巡线报告，对各区（县、市）组织线下验收。截至2023年8月，宁波市“环浙步道”省级主线已全部通过验收，80%的市级路段已通过验收，2023年底有望实现近1 200公里的“环浙步道”全面建成、贯通。

三、经验总结

（一）政策推动，加快培育户外运动产业发展主体

一是建立体育、发展改革、文化旅游等多部门合作的工作协调机制，增强大局意识，强化责任落实，完善配套措施，形

成政策合力。二是完善配套政策，鼓励有条件的区（县、市）统筹现有资金渠道，对户外运动发展给予资金支持，引导社会资本以投资、参股、控股、并购等方式参与户外运动项目建设。三是着力培育户外运动龙头企业，鼓励企业加大研发投入，引导企业向专、精、特、新方向发展，打造一批具有影响力的自主品牌和精品赛事。

（二）科技赋能，创新户外运动消费新模式

一是鼓励各户外运动运营方积极建设户外运动展厅、户外运动博物馆等文化类设施，充分应用传统媒体、网络直播、微博、手机应用程序等手段推介各类户外运动场所及其消费信息，引导广大人民群众形成浓厚的户外运动参与意识和正确的户外运动消费理念。二是着力提升户外运动产品和服务品质，建立和完善体育保险制度，支持“互联网 +”体育消费，拓展跨区跨境、线上线下、体验分享的户外运动消费新业态，营造良好的户外运动消费环境。

（三）优化服务，强化户外运动服务支持

一是完善户外运动消费政策，鼓励企事业单位将户外运动体验作为职工奖励和福利措施，引导和支持各地开展融合文体

旅多业态的消费促进活动，营造户外运动消费氛围。二是优化户外运动项目的监管体系建设，明确责任主体，按照“谁审批谁负责”“谁主办谁负责”的原则加强监督管理，完善户外运动行业信用体系，强化多部门联合执法，创造公正公开、平等竞争、运行有序的户外运动市场体系。三是强化户外运动产业发展安全防线，推动户外运动标准体系建设，完善全方位的水陆空应急救援服务体系，确保户外运动产业发展更加健康、安全、可持续。

（四）内育外引，加大户外运动专业人才培养力度

一是注重对青年户外运动人才和本土户外运动人才的培养，支持高校、科研院所、职业培训机构和相关企业建立户外运动教学、科研和培训基地。二是加强与各类户外运动组织、协会和企业的交流合作，引进高端户外运动人才。三是加强职业培训，提升户外运动从业人员的专业技能和服务水平，充实户外运动人才队伍。四是重视户外运动发展战略和基础理论研究，发挥高水平研究机构的智库作用。

浙江省金华市：建设“体育+”特色村（居）模式创新推动乡村体育消费振兴

一、基本情况

金华市依托乡村空间优势，以特色体育产业为引擎，打造体育产业创新发展新载体，有效释放全民健身与乡村振兴双重叠加效应。一方面，通过推进“体育+”特色村（居）建设，形成了各具特色的“体育+”模式。“体育+”特色村（居）以体育为核心，结合自身优势资源和独特历史文化，打造系列运动休闲产品和服务，串联健身休闲、体育旅游等产业链关键环节，形成了各具特色的融合发展模式，成为金华市体育消费发展“新亮点”。另一方面，“体育+”特色村（居）的建设从多个维度带动了乡村发展，不仅推动了乡村体育公共服务设施配套的建设与升级，还塑造了乡村特色风貌、推动了村庄环境治理、增强了农民的获得感，对发掘乡村新功能新价值、培育乡村内生发展动力具有重要意义。

当地居民开展内容多样的体育运动

二、创新做法

（一）利用资源禀赋，打造特色项目

“体育+”特色村（居）的核心在于突出特色。为避免千村一面，特色村（居）因地制宜布局特色体育项目，据统计，67个特色村（居）共培育和发展了25个优势运动项目，形成了不同的发展特点。例如，茭道镇朱王村在政府部门支持和浙江省气排球协会的指导下发展气排球项目，走出了一条“省赛村办”的发展模式，每年参赛团队超过20支，运动员接近1 000名，

带动当地民宿收入超过 300 万元，切实推动了乡村体育旅游消费发展。

不同特色村（居）的特色体育项目

（二）推动“+ 体育”，延长产业链条

“+ 体育”是将体育元素融入乡村，为乡村发展补充新鲜血液。一是依托体育赛事，延长休闲旅游产业链。例如，婺城区琅琊镇通过举办中国皮划艇巡回赛（金华站）和中国山水四项公开赛，并在赛事期间搭配农产品展销节，使得农产品销售额达 300 万元以上。二是植入户外拓展项目，延长田园休闲产业链。例如，莘畈乡大立元村在建设莘畈溪景观区的基础上，融

入徒步登山、定向越野、野外露营等户外运动项目，打造户外运动休闲综合基地。三是融入体育休闲元素，延长文化旅游产业链。例如，诸葛镇诸葛村是诸葛亮后裔的聚居地，以“八阵图”建筑集群闻名全国，历史文化资源丰富，村里设置了走迷宫、射边弩、三国争霸（包括云中漫步、攀岩、云梯等）等一系列体育休闲拓展游戏，提升了对游客的吸引力。四是开发体育休闲旅游基地，延长制造业产业链。例如，永康市经济开发区长城村依托休闲车制造优势，开发了金华市最大的休闲车旅游基地，带动了体育休闲旅游消费发展。

（三）盘活要素资源，注入发展动力

充分释放要素活力，带动资金、技术、管理方式导入乡村，是乡村振兴的重中之重。一是激发人的潜力。一方面，充分发挥村民的主体力量，以实干性和创新性指引乡村领导班子工作，鼓励有能力、有文化、有乡情的群众投身于项目建设，充分利用乡村本土人才，吸引群众回村创业；另一方面，吸引外地优秀人才集聚，通过特色村（居）项目增加乡村就业机会，吸引人才。二是释放资金活力。“体育+”特色村（居）探索出财政拨款、村民自筹、社会投资等多种融资模式，形成了长效稳定的资金增长机制。此外，特色村（居）坚持效益为先，逐步形成了涵盖村集体直接经营、村企合作经营和社会资本管理运营

在内的多元经营管理模式。通过建立资格准入机制、项目联审制度和产出评价制度，明确社会资本参与上限，保障村民主体地位。三是盘活土地资源。为解决农村土地碎片化，缺乏集中连片建设用地的问题，金华市通过统筹零散土地、加强宅基地整合政策实施、积极改造废弃用地等方式提高了农村土地利用率，为体育项目落地储备了存量空间。

（四）加强村村联动，形成资源互补

“体育＋”特色村（居）依托乡村特有的自然条件优势和村落关系，形成了村落联动发展的良好局面。一些“体育＋”特色村（居）无法独立建成大型体育项目或搭建起完整的产业链路，通过与周边村落联动，能有效弥补单个村庄发展后劲不足的缺陷，实现产业互补，挖掘乡村潜在的经济价值。例如，某些“体育＋”特色村（居）拥有标准的体育场馆，但住宿等配套设施不足，导致无法承办大型赛事，通过联动周边村落的住宿等配套设施，大幅提升了赛事承办能力。

（五）探索“互联网＋”，打造体育消费品牌

乡村体育发展与互联网接轨，在降低中间环节成本的同时，对打造乡村体育消费品牌、助力乡村经济发展具有重要作用。

一些“体育+”特色村（居）依托自媒体渠道搭建互联网营销网络，有效宣传了体育休闲旅游品牌。例如，婺城区沙溪村从2019年开始举办中国（金华）网红垂钓大赛，首届赛事邀请了来自全国各地的垂钓大师和垂钓名人约100位，并通过移动客户端和各大网络平台进行赛事直播，覆盖人群达3 000万人。此后沙溪村又推出网红垂钓高峰论坛、垂钓网红嘉年华直播晚会等多个项目，有效提升了当地体育休闲消费的品牌效应。

三、经验总结

（一）完善政策规范，引领项目创建

为科学指导“体育+”特色村（居）的创建工作，金华市出台了一系列政策文件，解决了“是什么”“怎么建”等问题。2016年金华市体育局印发了《金华市“体育+”特色村（居）创建（试行）办法》，明确了“体育+”特色村（居）的申报条件、申报程序和监督机制等内容。2017年，细化了相关政策，明确了培养方向、建设要求和退出机制等内容。2019年金华市发布了《“体育+”特色村（居）管理与评价规范》，结合“体育+”创建工作实际，赋予带动地方经济消费、创造就业岗位、有核心运动休闲项目等刚性评价指标高分值，并明确基本要求、

运营管理、结果效益、安全保障 4 个大项，经济效益、社会效益、信息宣传、经费保障等 12 项具体评价指标，引导“体育 +”特色村（居）创建工作走向特色化、差异化和科学化之路。

（二）联动社会组织，导入体育资源

乡村振兴需要社会各界的参与协作。通过联动体育社会组织，拓宽“体育 +”特色村（居）办赛渠道，吸引更多体育资源导入，形成乡村体育资源集聚效应。一方面，体育社会组织可以为乡村引进多样化、多级别的赛事资源，解决乡村办赛难的问题，推动乡村赛事向专业化方向发展。另一方面，体育社会组织也能够优化乡村赛事组织、赛事运营的管理模式，提升管理效率。

（三）注重村民获得感，建设宜居农村

建设宜居宜业、功能完善的乡村，提升村民获得感和幸福感是乡村振兴的出发点和落脚点。在“体育 +”特色村（居）的建设过程中，金华市通过鼓励村民用土地、资金、劳动力、农产品等资源与村庄开展合作，构建利益共同体，激发了村民参与的积极性。在促进村民就业方面，“体育 +”特色村（居）新增就业岗位 2 900 多个，实现了宜居宜业。在促进增收方面，金

华市探索“土地流转＋优先雇用＋社会保障”“农民入股＋保底收益＋按股分红”等多种收益分享模式，为村民收益稳定增长提供了保障。在环境改善方面，践行将体育融入自然的理念，既完善了体育基础设施、开发了体育项目，又加强了生态环境保护，推动了产业与生态的可持续发展。在精神风貌方面，“体育＋”特色村（居）建设让村落传统文化焕发出新活力，丰富了村民的文化生活，有效改善了乡村社会风气。

四川省成都市：
打造体育消费新场景　探索促进发展新路径

一、基本情况

2019 年 12 月，成都市在建设国际消费中心城市大会上明确提到，要打造体育健康脉动等消费新场景，全面提升成都消费国际化水平，首次提出“体育消费新场景”的概念。

成都市积极梳理促进体育消费的机制、政策、措施与成效，深入分析成都市在促进体育消费工作方面的基础与优势，研究促进体育消费的工作举措，科学制定体育消费试点目标、工作举措和保障措施。坚持场景营城、体育惠民的发展理念，突出体育的社交功能属性，释放体育高附加值的溢出效应。围绕“体育 +”和“+ 体育”两个维度，充分激发企业主体作用，以场地设施为依托，以赛事活动、健身休闲为核心，以新技术、新模式、新业态为特色，累计培育打造体育场馆、社区邻里、户外营地、城市公园、旅游景区、美丽乡村、商业中心、工厂文创八大类型的体育消费新场景 210 处，并结合市场和市民反馈情况推出体育消费示范场景100处。

二、创新做法

（一）基于场景化逻辑，明确体育消费新场景的概念和类型

相关部门深入调研成都市体育场地设施、经营主体，基于体育场景艺术化、仪式化、社交化、分众化、碎片化、娱乐化的内在逻辑，明确体育消费新场景的概念和类型。于2020年围绕项目能级、场景营造、消费引领、技术与服务创新、宣传推广、新冠疫情防控与安全管理六个方面构建了体育消费新场景评价指标体系。围绕新技术、新模式、新业态，通过细化评定标准、严格评定程序，打造并评选出符合标准的体育场馆、社区邻里、户外营地、城市公园、旅游景区、美丽乡村、商业中心、工厂文创八大类型体育消费新场景。

（1）体育场馆型：按照“赛事引流、消费提质”的思路，以成都大运会后大型体育场馆可持续利用为目标，着力打造集时尚消费、运动休闲、文化展演、对外交往等功能于一体的“文旅体商”融合发展的体育服务综合体。

（2）社区邻里型：发展以满足人民幸福美好生活需要为目

标的社区体育，补齐居民健身设施短板，开展群众喜闻乐见的赛事活动，打造高品质宜居社区体育消费新场景。

（3）户外营地型：依托山水林地等自然资源，发展有“颜值”、有文化、有仪式感的体育运动类营地，支持将露营营地、低空飞行营地、汽摩运动营地等打造成为体育消费新场景。

（4）城市公园型：充分发挥公园作为城市绿色开放空间体系“引流聚人兴业”的作用，将体育消费新场景与亲子互动、公共艺术、户外游憩等业态叠加，促进践行新发展理念的公园城市示范区生态价值转化。

（5）旅游景区型：发展以“体育 + 旅游”为主导的具有景区效应的体育消费新场景，推动观光式、休闲型旅游向体验式、运动型旅游加快转变，促进体育旅游消费加快发展。

（6）美丽乡村型：推动体育元素融入乡村振兴战略，鼓励乡村依托特色自然资源建设登山步道、自行车骑行等户外空间，支持发展体育主题乡村民宿、体育农家乐，带动村民就业创收。

（7）商业中心型：合理利用可共享的商业综合体，打造体育消费新空间，以体育商业服务为核心，有效组合文化、旅游、休闲、娱乐、商业等功能，打造多功能、多业态、高效益的体育消费集聚地。

（8）工厂文创型：利用废旧场馆或以“工厂风”为建设风格打造的文创空间，“因厂制宜”形成多种形式灵活补充的都市运动中心、城市社区多功能运动场。

八大类型体育消费新场景

（二）强化体育消费载体建设，推动体育消费新场景营造

成都市将体育消费新场景培育工作纳入全市“三重”目标考评体系，明确要求各县（市、区）以模式创新、内容创新、

形态创新为标准推进体育消费新场景建设，并每年下达目标任务要求。深入实施覆盖市—区（县）—社区、满足赛事—竞训—健身需求的“三级三类”体育设施体系建设，推进县（市、区）级“一场一馆一池两中心”全覆盖，构建“3+3”体育场馆设施建设体系。以建设产业生态圈为抓手，推动体育产业集中、集聚、集约发展，将涉体产业功能区主要承载地和协同发展地作为体育产业重点承载主体和重点培育对象，建立完善工作推进机制，常态化建设服务功能区，培育了融创文旅城、金泉运动公园、BMW 摩托车骑行公园、宝山村户外运动中心等一批具有承载力、凝聚力、吸引力的体育消费新场景。

（三）构建部门联动机制，相互赋能推动消费场景建设

强化政府部门的联动工作机制，在成都市新经济场景城市建设工作中，将体育消费新场景纳入全市 1 000 个新经济场景，每年举办“双千”发布会（1 000 个新场景和 1 000 个新产品），刺激社会资本利用政策红利建设体育消费新场景。在成都市社区建设治理工作中，推动利用新建社区综合体、社区老旧场地打造“社区运动角”，构建居民体育运动消费新空间。在成都市公园城市建设工作中，推动体育设施植入天府绿道体系和城市公园，培育了江滩公园、锦城湖 2 号湖区等

新场景。在成都市空间规划工作中，利用草坪广场、水域资源等布局建设户外运动、水上运动和球类运动等设施，培育了虹口漂流度假中心、麓客岛等新场景；利用龙泉山、龙门山等山脉资源布局山地运动、冰雪运动设施，培育了天台山飞行营地、西岭雪山滑雪场等新场景。在成都大运会场馆的建设过程中，提前植入5G、AI、VR、8K等高新技术，实现体育场馆管理智能化、服务智慧化，着力推动“运动场”向“摄影棚”转变。

（四）坚持体育惠民理念，持续培育成都体育消费新场景品牌

坚持让利于民，积极引导在体育消费新场景中开展各类促进体育消费的活动，丰富市民消费选项。将体育消费新场景纳入成都消费券、成都体育消费券的发放范围，持续引导市民前往体育消费新场景进行锻炼、消费。围绕元旦、春节、“五一”、中秋、国庆等重要节假日积极宣传成都体育消费新场景，持续打造成都体育消费新场景品牌。开发定制成都体育消费新场景电子地图，通过体育大数据库和信息化平台，收集各体育消费新场景信息，如场馆电话、具体位置和导航路径等，并将相关信息录入电子地图中，方便市民实时查询信息、选择自身喜好的运动项目。同时持续优化地图的各项功能，为用户提供更好

的操作体验。

成都体育消费新场景电子地图

三、经验总结

（一）畅通体育消费新场景发展路径，鼓励市场资本参与建设

构建“体育消费新场景—体育消费示范场景—体育健康脉动场景—省（市）级国家体育产业示范项目、体育旅游示范基

地”发展模式，在体育消费新场景的基础上评定体育消费示范场景。优先推荐特色明显、市民满意的体育消费示范场景参加体育健康脉动示范场景和各级示范项目评选，形成“一场景一示范”效应。发挥好成都市促进体育（产业）发展专项资金杠杆撬动作用，支持经营主体利用“体育贷”“文创通”等金融产品解决融资需求、参与体育消费新场景建设。依托“体淘荟”（成都体育资源交易平台）、成都体育会客厅、世界赛事名城发展大会等平台收集、发布机会清单，促进供需资源对接，运用市场化逻辑建设体育消费新场景。

（二）持续培育、宣传、推动体育消费新场景，引导市民消费打卡

持续开展体育消费新场景培育、推广工作，鼓励各县（市、区）结合城市特色资源禀赋，依托公园、绿道、林盘、山地、水上等资源，发展户外体育消费、冰雪体验消费、露营新潮消费等体育消费新业态。推动在公园绿地、废旧厂房、建筑屋顶、闲置边角地等植入体育设施，打造特色体育消费新场景。支持利用新建社区综合体打造“社区运动角”，多维度拓展市民健康休闲生活方式。每年新增培育体育消费新场景不低于 50 处，并持续对外发布；优化迭代成都体育消费新场景电子地图，纳入体育消费新场景点位信息，引导市民打卡。

（三）积极开展促进体育消费活动，营造全民健身消费氛围

举办成都马拉松、中国成都天府绿道国际自行车车迷健身节、中国·天府龙泉山 China100 山地越野赛、王者荣耀职业联赛等吸引力大、体验感强的品牌赛事，发放赛事惠民门票，推动赛事走入街区商圈、走进公园绿道。年均组织“天府绿道健康行”“社区运动节”“全民健身运动会”等品牌健身活动 5 000 余场次，激发了市民的体育消费热情。开展“运动成都·悦动生活”等各类体育消费促进活动，将体育纳入成都“520”消费券、“烟火成都”消费券等的发放范围，推动新都区、锦江区等 10 余个有条件的县（市、区）发放体育消费券，引导 800 余家体育企业（商户）参与，涵盖体育健身休闲、体育教育培训、体育用品销售等服务，发放各级、各类体育消费券共计 3 500 万元，拉动消费约 1.5 亿元，大大激发了体育消费活力和增长潜力。

贵州省遵义市：体教融合筑根基　促进消费挖潜力

一、基本情况

2020年以来，贵州省遵义市认真贯彻落实国家体育总局办公厅《关于进一步做好体育消费试点工作的通知》《关于体育助力稳经济促消费激活力的工作方案》等文件要求，积极推进体育消费机制、政策、模式和产品创新，推动全市体育消费增长和消费结构升级，取得了显著成效。统计数据显示，2021年遵义市居民体育消费总规模达64.65亿元，同比增长2.3%；人均体育消费1 173.86元，同比增长22.81%。人均体育消费支出占人均消费总支出的5.92%。

近年来，遵义市积极推动体教融合向纵深发展。2021年9月，遵义市整合教育、体育职能职责，在全省率先成立市级、县级教育体育局，将教育和体育“合二为一”，从机制源头上破除原有的体教融合壁垒，打破部门界限，并印发《遵义市创建体教融合示范市三年行动计划（2022—2024）》，培养青少年终身锻炼的习惯，为推动遵义市体育培训消费发展、促进体育消费提质升级提供持久动力。

二、创新做法

（一）资源共享促“双减”带“双增”

一是积极推动校外体育人才进校园，为体育培训消费提供充足的教练人才支撑。遵义市充分挖掘、整合教育和体育人才资源服务中小学，市体育运动学校、遵义医科大学、遵义师范学院等1 200余名高校体育专业师生以及57家具有相关资质的社会体育协会（机构）130余名教练员，进入全市200多所中小学开展足球、篮球、跆拳道、攀岩、象棋等形式多样的课后服务，在丰富义务教育阶段学校课后服务内容的同时，让更多的孩子有充足的时间参与锻炼，促成孩子进一步提高对体育的个性化需求，在校外培训中带动更多的消费，实现商业化变现。

二是校内校外体育场馆双向开放，为促进全市体育消费提供更多场地设施保障。随着学生课后体育锻炼热情和广大市民的体育运动需求日益高涨，遵义市印发《关于全市中小学校体育场馆设施面向社会开放的通知》，推动全市所有中小学室外体育场地从2022年起面向社会开放。与此同时，充分整合公共体育场馆资源、社会游泳场馆资源、教练员资源，大力开展“游泳进课堂”，使学生掌握了游泳技能和急救能力，“游”进课堂、“泳”往直前成为遵义市教育的一道亮丽的风景线。目前全市有14个县（市、区）52所中小学进入公共游泳馆开展教学。“双开放”的实施有效缓解了全市青少年和人民群众日益增长的体育健身需求与体育场馆资源供给不足之间的矛盾，为促进体育消费提供了有力保障。

遵义市“体教融合”项目游泳课开班仪式

（二）创新模式提升体育运动技能

一是市队校办，培育终生体育消费习惯。在普通高中开展高水平运动员基地创建工作，审批创建了足球、拳击、射击等16个运动项目32所高水平运动员基地学校和96个体育后备人才基地学校，初步形成了一体化高水平运动员培养体系，让每个青少年掌握 1 ~ 2 项运动技能，培养青少年体育爱好，养成终生体育消费习惯。

二是联合培养，打通人才成长通道，带动体育培训消费发展。推动专业教练员进校园训练与普通中小学高水平运动员到专业体育学校集训相结合，市体育运动学校、市体育事业发展中心先后与遵义四中、遵义师范学院附属实验学校、市轮滑协会等单位共同签订联合办队协议，实施游泳、乒乓球、射击、艺术体操、轮滑等项目联合培养，目前已取得明显成效。选派教练员和体育教师参加校园足校、高原耐力项目人才开发计划等业务培训班。制定《遵义市优秀学生运动员升学管理暂行办法》，理顺中小学校、青少年俱乐部人才输送通道，化解体育特长生、优秀运动员升学难题，进一步激发学生体育培训消费热情。

三是整合赛事，促进青少年体育赛事消费繁荣。整合原教育部门的“中小学生”和体育部门的“青少年”体育赛事，利用体教部门优质场地资源和人力资源，建立全新的中小学生（青少年）竞赛体系。此外，从 2022 年起每年举办遵义市校园足球三级联赛和遵义市中小学生（青少年）综合性运动会，其中，田径、游泳 2 项为每年固定竞赛项目，篮球、排球、跆拳道等 8 项以两年为一个周期交叉举行。通过举办上述赛事，为青少年提供了“学以致用”的广阔平台，带动了一系列周边消费发展，丰富的赛事供给进一步推动青少年体育赛事消费走向繁荣。

（三）深耕足球领域促进纵深融合

一是完善校园足球硬件设施。2022 年，遵义市获批全国青少年校园足球改革试验区，全市足球课开课率达到 100%。遵义市启动实施校园足球全覆盖工作，印发《遵义市推进校园足球全覆盖工作实施意见》，推动校园足球覆盖全市每一所中小学校，让每一位中小学生受益。截至 2023 年 8 月，全市中小学共有 11 人制足球场 91 片、8 人制足球场 262 片、5 人制足球场 505 片，中小学校园足球实现全覆盖。遵义市大力实施“场地铺绿、增师提质、常赛促练、人人足球、聚力育星、金靴女足”六大行动，引进国内优质资源，共建 1 个总营、15 个遵义市校园足球“满天星”训练分营，遴选培育运动员 184 名、教练员 87 名，快速提升了遵义市青少年足球运动水平，为促进与足球运动相关的体育消费打下了坚实基础。

二是推动足球领域纵深融合。打造集高中高水平运动员足球基地校、足球公园、生态体育公园于一体的“足球 +”体育产业圈，推动发展集足球赛事活动、足球教育训练、足球人才培育、足球观念交流、亲子休闲度假等于一体的体育休闲和生态旅游产业，打造“动力遵义 快乐足球”街头球王争霸赛等品牌赛事活动，持续开发以足球产业为主体，融合遵义市本地特色文化资源的旅游产品。截至 2023 年 8 月，遵义市共创办高中高水平运动员足球基地校 12 所、市级校园足球基地校 29 所，建设生态体育公园 17 个，吸引 2 000 余名青少年足球爱好者参与“动力遵义 快乐足球”街头球王争霸赛活动。

“动力遵义 快乐足球”街头球王争霸赛

三、经验总结

（一）整合资源，以体教融合助力体育消费

“两个用好”。一是用好专业体育人才资源，补强课后服

务师资。推动中小学校外专业体育人才资源进校园，充分发挥在遵高校、专业体育学校、社会体育组织、省级比赛冠军等资源专业优势，为全市中小学课后服务工作提供人才支持，帮助广大学生积极参加形式多样、生动活泼、健康向上的体育活动，促进体育培训消费发展。二是用好校外场馆资源，拓展课后服务空间。通过体育彩票公益金支持以及其他创造性工作模式，提高社会场馆的积极性和主动性，推动公益性体育场馆向中小学生开放，进一步提升体育消费服务水平。

（二）拓展平台，以优质赛事促进体育消费

“三个促进”。一是促进体育竞赛统一管理。统一全市综合性运动会和单项体育竞赛的青少年运动员注册、参赛选拔、等级认定机制和反兴奋剂教育，为青少年体育消费提供健康发展环境。二是促进体育赛事活动多元化。推动青少年健身与青少年健康深度融合，创新线上线下融合办赛的模式，扩大赛事活动覆盖面，将更多青少年纳入体育消费范畴。三是促进优质赛事规划培育。充分利用遵义市历史文化名城、全国文明城市等城市名片，发挥“教体一家”的优势，持续加强对品牌赛事的规划培育，打造青少年体育赛事“金名片”，为促进相关体育消费提供坚实支撑。

（三）示范引领，以扎实工作推动体育消费

“四个推动”。一是推动“1+N”体育特色学校创建。在全市所有中小学全面开展“校园足球＋其他体育项目”的“1+N”体育特色学校创建工作，持续扩大青少年体育消费人群。二是推动青少年体育俱乐部规范发展。鼓励支持社会体育俱乐部发展，依法申报、规范管理，注重社会效益，强化社会责任，提高行业自律水平，为青少年体育消费发展提供健康环境。三是推动学校体育场地设施向社会开放。通过规范信息管理、严格准入制度、建立诚信体系、创新运营模式等措施，有序推动学校室外、室内体育场馆向社会全面开放，为促进全市体育消费提供场地资源保障。四是推动教育研学基地向体育旅游基地延展，做到资源共享共建，以融合发展促进体育消费更上新台阶。

第四章

产品创新：
锚定需求，丰富产品

试点工作中的“产品创新”，是指试点城市在丰富体育产品和服务供给、推动体育用品业转型升级、提升体育服务质量等方面所开展的改善与创新活动，目的是为消费者提供类型更加多样、内容更加多元、质量更加上乘的体育产品和服务，增强市场活力，持续激发人民群众参与体育消费的热情。

河北省秦皇岛市、河北省张家口市、湖北省荆门市和湖南省长沙市围绕体育消费“产品创新”开展探索，取得了良好效果，具体呈现出以下四个方面的特点。

一是凸显地方人文地理资源优势，差异化发展激发体育消费活力。有创新的体育产品必然是有特色的，呈现“百城千面”的地域人文特色。秦皇岛市依托滨海城市的优势，打造中国帆船帆板运动北方中心，提升航海综合服务体验；张家口市凭借当地高质量雪场数量众多的特点，联合六大雪场创新打造“中国·崇礼六山联滑”产品，通过一卡联滑服务进一步刺激滑雪运动消费；荆门市深挖航空运动休闲特色，整合“海陆空”三位一体的旅游资源，形成中国航空运动休闲旅游目的地品牌；长沙市因时、因季、因地、因人、因美食打造“三江荟萃”“两湖会广”“逛吃狂吃自游长沙”等精品足球旅游线路。

二是赛事引领构筑消费平台，拉动上下游、左右岸消费，为体育消费注入新活力。长沙市“赛事+”体旅融合的系列产品市场定位清晰，如“约战星城”足球旅行季主打足球体育旅游，为业余足球队及球队亲友量身定制了涵盖参赛与旅游的跨年度足球旅行计划，有效增加了用户黏性，释放了体旅消费潜力。

三是构建体育融合消费场景，重特色、拓联动提升体育消费潜力。纵观本部分的体育产品创新范例，体育消费试点城市无一不将业态融合、场景融合作为创新驱动力。就体旅融合而言，秦皇岛市的帆船培训和荆门市的航空培训与研学游、亲子游、家庭游深度融合；长沙市的“赛事+”产品将“单纯参赛”延展至消费项目多元丰富的参赛游、亲友游。就体教融合而言，荆门市爱飞客文化传播有限公司将航空培训延展至青少年航空教育、国防教育和科技教育领域，开辟了广阔的体教融合消费市场，取得了良好成效。

四是重个性扩“声量”，注重体育产品营销推广，塑造城市特色体育品牌。卓越的体育产品通过品牌化“破圈”，为城市带来可持续的、宝贵的无形资产，获得城市体育消费质量感知优势，培养忠诚体育消费人群。长沙市以体为媒，“赛事+”体旅融合产品展现生动的体育故事、鲜活的体育人物，吸引多家媒体深度采访报道，实现品牌文化价值传播。荆门市的爱飞客极客公园运用互联网思维、巧用新媒体，打造了“飞飞”IP，通过举办系列公益活动，获得了良好的口碑，吸引了一批消费者复购。

河北省秦皇岛市：打造帆船运动城市名片推动体育消费全面发展

一、基本情况

自2020年9月获批国家体育消费试点城市以来，秦皇岛全市上下积极推进创建工作，形成了与建设国际一流旅游城市目标相匹配的，有格局、有平台、有氛围、有供给、有特色、有影响力的秦皇岛市体育消费模式。近年来，为充分发挥海洋岸线资源优势，秦皇岛市大力发展帆船运动，把帆船运动打造成城市名片，积极围绕赛事活动、服务驻训、帆船产业三条主线，主动作为、抢占先机、多措并举，树立特色化、国际化品牌，推动体育、旅游、康养融合发展，打造中国帆船帆板运动北方中心和海上体育消费集散地，取得了丰硕的成果。

秦皇岛帆船运动

二、创新做法

（一）积极挖掘自然资源与机遇

秦皇岛市毗邻京津，拥有184.88公里的海岸线，近岸海域水质洁净、沙软潮平、风力适中，全年有7个月适宜开展帆船运动，是国际公认的开展帆船运动的最佳地区。2022年，中国帆船帆板运动协会（以下简称中帆协）北方总部基地落户秦皇岛市，秦皇岛市成为中国帆船发展联盟城市首批23个会员城市之一，并成为国家帆船帆板队、各省市专业帆船队和一些国际专业队伍的春夏集训地和比赛地。以西港花园、金梦海湾、蔚蓝海岸、葡萄岛、阿那亚等为代表的大型文体旅产业项目发展迅速，且西港花园、金梦海湾、葡萄岛等相关企业具备港池和码头，全市泊位保有量共 141 个，各类帆船帆板共 730 条，为帆船运动与相关消费发展提供了保障。

（二）丰富赛事活动提升影响力

早在 1989 年，秦皇岛市就成功举办了第五届亚洲帆船锦标赛，在 1990 年还曾协助举办第十一届亚运会海上项目。近年来，秦皇岛市积极承办全国及河北省的各类帆船赛事，先后组织了全国青年帆板锦标赛、全国青年帆船锦标赛、全国帆船冠军赛、全国帆板锦标赛、全国帆船锦标赛、全国青少年帆船联赛、中华人民共和国第二届青年运动会“敏捷杯”帆船项目、河北省第十六届运动会青少年组首个夏季项目决赛——帆船比赛、河北省青少年帆船锦标赛等 40 余项比赛，并积极打造以秦皇岛国际帆船赛为主的地方品牌赛事。赛事的举办对秦皇岛市宣传推广帆船帆板运动、促进相关体育消费产生了积极影响。

（三）注重帆船产业主体培育

秦皇岛市持续加强培训体系建设，积极扶持帆船俱乐部、培训中心和传统特色体育学校的发展。2016 年，秦皇岛市成立了市级帆船帆板运动协会，截至2023年8月，共拥有2家中帆协小帆船培训中心，9家航海俱乐部和10所帆船体育传统特色学校，参与帆船体验的人数累计达到50 000人，年度参加帆船培训12 000人次，其中青少年夏令营参训人数达到2 000人，为扩大帆船运动消费积累了庞大客群。

秦皇岛帆船运动

（四）全新打造帆船项目IP

2020年起，秦皇岛市持续推出全新打造的帆船IP——“秦皇岛帆船季”活动，活动涵盖全国帆板锦标赛、全国帆船锦标赛、远洋帆船节、国际旅游岛帆板大奖赛等多项赛事活动。“秦皇岛帆船季”活动旨在进一步加快秦皇岛市帆船运动发展，打造一流帆船特色旅游城市，加强帆船产业整体形象宣传和品牌建设。此外，积极依托水上运动开启“体育＋旅游”消费模式，着力打造集航海体验、培训、赛事承办、航海论坛于一体的航海产业综合体，为消费者带来体验式体育旅游新方式，进一步带动住宿、餐饮、休闲等相关周边消费发展。

（五）优化帆船项目体验培训模式

秦皇岛市高度重视帆船夏令营等各类帆船运动培训体验活动，开展了中小学生帆船“万人培训”计划，积极探索体教融合创新模式。以BSC蔚蓝海岸帆船夏令营为例，该项目为来自北京市、河北省等地的青少年提供帆船运动体验与学习服务，单项产品的体验人数达到每周1400人，包括学校活动、体验活动在内的直接培训收入突破1600万元，如果再加上家长陪同等产生的吃、住、游、购等消费，则能够为秦皇岛市带来1亿元以上的相关收入。以西港（秦皇岛）航海体育文化发展有限公司为例，该公司配合河北港口集团有限公司航海产业转型发展战略目标，每年举办中国大学生帆船线上赛、中国家庭帆船赛、“为祖国升帆，为希望护航”大型帆船巡游活动、全国陆地风帆车公开赛等赛事活动，并与海港区教育和体育局联合推出“体教融合帆船进校园”系列活动，2022年落地10

所基地校，带动3 000名学生参与帆船活动。2023年帆船运动基地校规模达到18所，参与帆船培训人数达到5 000人，为培养青少年帆船运动爱好、促进秦皇岛市帆船运动消费打下了良好基础。

三、经验总结

（一）政府高度重视帆船运动发展

秦皇岛市委、市政府高度重视，市发展改革、旅游、教育、海事等部门积极配合，共同推动帆船运动发展。2023年7月，秦皇岛市印发《关于大力发展帆船运动的工作推进方案》，以创建“帆船之城”为总体目标，坚持文体旅融合发展，通过开展帆船帆板运动教育培训和旅游体验、不断提高帆船运动群众参与度、扩大帆船产业规模，培育和打造国内、国际传统品牌赛事，实现帆船项目市场化、产业化的发展新格局。同时，制定了近期、中期、远期的发展目标，从推进帆船运动普及、科学规划布局海上运动设施、大力宣传推介帆船城市形象三个方面推动项目发展，为促进帆船运动消费打下坚实基础。

（二）重点打造帆船“明星企业”

秦皇岛市坚持将帆船运动项目发展交给市场，积极引导体育企业提高帆船运动服务水平，提升相关消费收入，对帆船运动发展起到了引领和示范作用。在日常工作中，不断加强服务和引导，为体育企业提供全力支持，对重点帆船运动企业在管理人员和教练员引进、培训和场地设施完善、业务拓展及宣传推广等方面给予支持，并扶持其他企业加快完善管理，提高产品和服务质量，引导企业特色化发展，打造赛事、培训、体验等多种业态模式，从供给侧强化帆船运动消费供给水平。

（三）通过赛事体验营造良好氛围

近年来，秦皇岛市先后组织了全国青年帆板锦标赛、全国青年帆船锦标赛、全国帆船冠军赛等多项赛事，实施了中小学生帆船“万人培训”计划，每年组织1万名以上中小学生体验帆船运动，形成了“千帆竞发”的海上壮丽画面。在增加帆船运动人数的同时，营造了良好的城市帆船运动氛围，在需求侧为帆船运动消费积蓄力量。

（四）促进“冬雪夏帆”运动消费协调发展

秦皇岛市围绕“冬雪夏帆”户外运动发展理念，积极整合冬季冰雪运动和夏季帆船运动等季节交替型项目，充分利用好人才、设施、服务等资源，力求使体育企业和相关人才全年留在秦皇岛市，而非季节性地开展项目运营。在实践中，指导相关企业运营冰雪运动项目，加强资源互换和客源推送，打破冬季体育消费瓶颈，形成冬季冰雪和夏季帆船的项目互补，为体育企业提供更多收入来源，构建更加健康的体育消费发展格局。

（五）大力发展帆船休闲旅游业

秦皇岛市积极将帆船运动与旅游活动相融合，创新帆船特色旅游方式，打造航海文化旅游品牌，拓宽帆船运动消费范围。一是依托西港花园、蔚蓝海岸、葡萄岛、渔岛等沿海著名景点，加强近海海域旅游开发，引导各帆船俱乐部合作运营，实现秦皇岛海岸线帆船码头串联，面向国内外游客开展帆船体验活动，打造“乘帆品海”等帆船旅游品牌。二是推进皮划艇、赛艇、桨板、冲浪、海钓等与帆船运动的融合发展，开发多元化海上旅游产品，将帆船旅游消费纳入秦皇岛市全域旅游体系。

河北省张家口市：依托智慧体育大平台创新冰雪消费新产品

一、基本情况

近年来，张家口市加快推进国家体育消费试点城市建设，积极探索可持续的发展策略和提高体育消费的有效途径，以便民、利民、惠民为主要目标，依托集多种功能于一体的智慧体育平台，推出“中国·崇礼六山联滑”冰雪消费产品；不断培育体育消费动能、丰富体育消费业态、打造体育消费载体、塑造体育消费品牌，推动群众运动习惯的培养和消费意识的养成，直接带动经常参加体育锻炼人数比例达到43%，推动张家口市冰雪运动参与人次达到640万，促进体育消费取得显著成效。

二、创新做法

（一）科学引领，打造智能消费平台

为强化体育消费的信息化支撑力度，张家口市指导企业搭建智慧体育平台，拓展智能健身指导功能，在特定消费场景中为用户提供多元化一站式服务，切实帮助解决“哪有你想参与的活动”“谁来教你想学的运动”“如何能够得到最大优惠”等群众关心的问题。

在具体功能上，一是实现对体育场馆、体育培训机构的科学管理，为广大群众参与冰雪运动、了解各大雪场冰雪运动产品、进行智能定制消费等提供便利。二是针对消费群体在健身器材、体育场馆、体育健身教练等方面的选择需求，在手机端研发一键预定功能。此外，在建立个人健康档案后，可为消费者提供查询距离最近的国民体质监测站点、个人体测成绩及未来的运动建议等服务。三是方便群众随时查询即将举办和正在举办的各类赛事活动，实现线上报名参赛、查询成绩、了解国内外体育新闻资讯等。四是实时掌握全市体育消费大数据，为精准制定体育产业扶持与体育消费促进政策、合理调整体育服务项目业态空间布局、准确开展赛事效果评估等提供详实可靠的依据。

“乐冰雪”智慧体育平台

（二）发挥优势，创新体育消费产品

作为2022年北京冬奥会比赛承办城市，张家口市拥有丰富的冰雪运动场馆资源以及庞大的冰雪消费群体，在智慧体育平台的协助下，成功将国内首个具备真正大区联滑意义的滑雪体育消费产品——“中国·崇礼六山联滑”推向市场，提供万龙滑雪场、密苑云顶乐园、太舞滑雪小镇、富龙滑雪场、翠云山银河滑雪场、多乐美地滑雪场六大雪场一卡联滑服务，是国内滑雪产业从雪场“单打独斗”走向对标国际滑雪大区集群发展模式道路的里程碑。该产品 2023 年 1 月被正式推出，截至 2023 年 3 月，已销售 3 500 余单，用户累计过闸滑雪次数达 7 万余次，累计创造营业收入 540 余万元，创造了国内跨雪场联滑类产品同比销售的巅峰，进一步带动了张家口市冰雪消费发展。

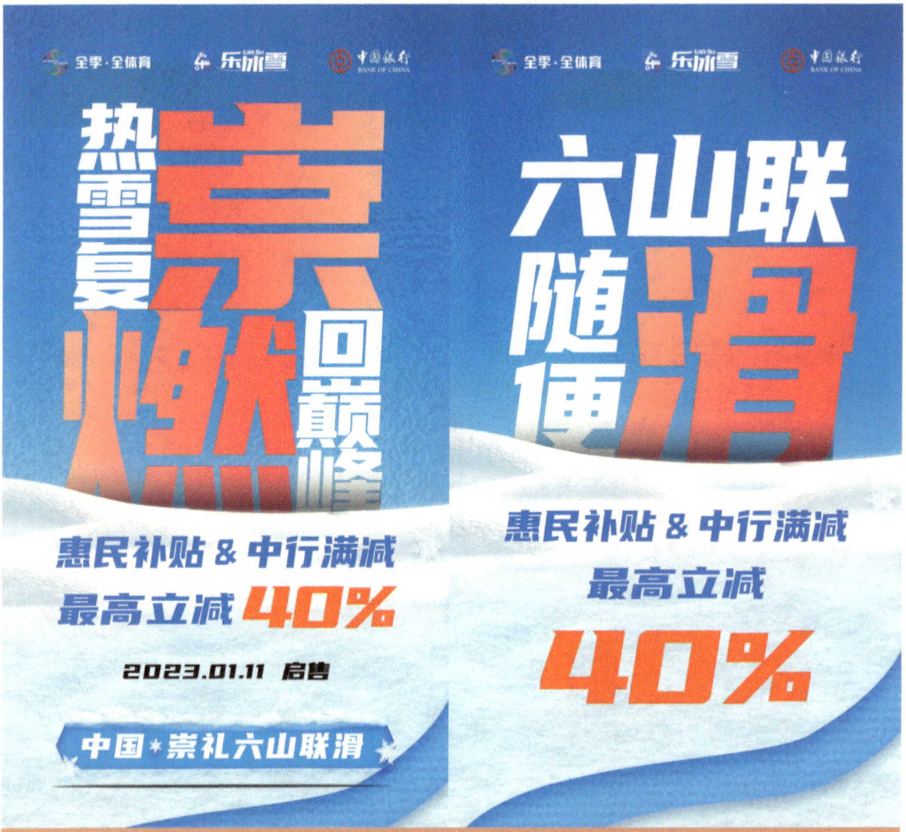

“中国 · 崇礼六山联滑”产品

（三）精准惠民，培育体育消费动能

张家口市依托智慧体育平台开展体育消费惠民补贴发放，通过技术手段确保发放过程“精准到人”，有效降低过程成本，提升补贴投放准确度。截至2022年底，张家口市累计发放体育消费券约110万张，补贴金额约9 000万元，显著提升了本地和外地群众到张家口市参与体育运动、进行体育消费的热情。经统计，2020—2021年及2021—2022年雪季智慧体育平台为相关体育企业累计创造营业收入超1.6亿元，有效带动了张家口市体育产业与体育消费发展。在此基础上，智慧体育平台为中国银行、中国建设银行、中国农业银行、中国工商银行、铁路12306、中国石油、中国人寿等合作伙伴提供了更为丰富的体育消费场景融合与跨界应用服务，由此进一步增强了体育消费惠民补贴的力度和广度。

（四）精心组织，丰富体育消费业态

为了更好地服务群众体育消费，张家口市全力打造“全季·全体育”本地特色体育赛事体系，不断加大多元化、多层次的赛事供给。通过建设涵盖专业赛事、城市联赛、品牌赛事、群众小规模赛事在内的体育赛事体系，为群众观赛、参赛和进行体育消费提供了便利。据统计，仅2022年，张家口市经常活跃的社

会办赛主体已达 183 家，全年共举办各类体育赛事 5 300 余场次，带动 20 万人次参赛，有力带动了体育消费和体育服务业增长。

（五）政企合作，打造体育消费载体

2020 年以来，政府部门通过智慧体育平台，对合作体育场馆（包括滑冰馆、滑雪场、健身场所等）发放赛事补贴、场馆补贴，为场馆持续引流，既保障了这些体育场馆在困难时期的基本生存，也有效带动了相关体育场馆运营水平提升。此外，智慧体育平台大力支持政府部门、社会团体、企事业单位和民办学校向社会开放体育场馆，在有效提升场馆使用率的同时，也带动了越来越多的社会资本投入场馆运营。

（六）创新“体育 +”，塑造体育消费品牌

依托智慧体育平台，着力构建基于“体育 +”的“全季·全体育”品牌。智慧体育平台既可以通过精准搜集体育消费大数据，总结消费者的运动爱好和消费习惯，又可以通过预判其与体育消费相关联的产品需求，向消费者推送精准适配的“体育 + 住宿”“体育 + 出行”“体育 + 健康”“体育 + 商业”等一系列融合型体育消费产品，拓宽体育消费的覆盖面，延长赛事经济的链条线，增加综合消费的功能点。

三、经验总结

（一）智慧体育平台是促进体育消费的关键基础

张家口市通过建立智慧体育平台，不仅实现了社会体育场馆资源的高效利用，还提高了企事业单位和学校体育场馆资源的利用效率，为服务群众体育消费提供了强有力的支撑。通过在智慧体育平台发放体育消费券，不仅降低了发放的过程成本，还有效提高了发放的精准度，对于提升财政资金的使用效率，增强促进体育消费的力度具有重要作用。可以看出，智慧体育平台已成为张家口市促进体育消费的重要信息化基础设施。

（二）产品创新是促进冰雪运动消费的重要支撑

产品创新已成为张家口市发展冰雪运动消费的重要支撑。以“中国·崇礼六山联滑”为代表的大区联滑产品已成功通过市场检验，具备在吉林滑雪大区、北京滑雪大区、新疆滑雪大区等重点滑雪市场以及华东长江三角洲地区、粤港澳大湾区、西南成渝地区等新兴南方市场进行推广的基础。在合作模式上，目前采取的是“政府补贴＋银行个人客户满减补贴”的“双补贴”模式，未来在运营的过程中可根据跨界合作伙伴的营销推广需求与目标群体的特征，引入金融补贴、保险补贴、交通补贴等更多补贴方式，为群众冰雪消费提供更多实惠。

（三）消费场景构建是促进体育消费的关键

在促进体育消费的过程中，如何让群众产生消费意愿始终是困扰各地政府与体育企业的难题，而解决这一难题的关键是消费场景的构建。在张家口市的实践中，依托智慧体育平台，以体育消费为核心，对跨行业、跨平台的多元垂直消费场景进行了重塑，有效带动了相关消费增长；智慧体育平台通过持续丰富大数据维度和样本基数，让跨界合作伙伴的营销目标客户群体与智慧体育消费客户群体的重合度更广泛、结合度更垂直、营销结合点更精准，使消费者实实在在享受到体育消费方面的红利；智慧体育平台还为未来政府部门体育消费政策制定、体育服务消费空间布局等提供了强有力的数据支撑。

湖北省荆门市：立足航空运动休闲特色以融合发展促体育消费产品创新

一、基本情况

荆门市自获批国家体育消费试点城市以来，积极探索体育发展新路径，充分发挥自身运动休闲特色产业优势，依托航空、滑翔、高空跳伞等独特、丰富的航空运动休闲资源，深入推动“体育+”战略，不断推进体育产品创新，大力提升体育消费产品供给水平。在实践中，荆门市一是注重政策扶持，围绕资金、土地、人才、项目扶持、品牌激励等方面提供政策保障；二是注重差异化发展，聚焦打造全国知名的运动休闲旅游城市的目标定位，立足各县（市、区）独特的资源优势，大力培育“一县一品”运动休闲品牌；三是注重宣传营销，通过会展宣传、媒体宣传、邀请体验等方式提升知名度，为促进体育消费提供坚实支撑。通过近年来的持续推进，荆门市逐步形成了以航空运动休闲为特色的体育消费聚集区，带动体育消费向更宽领域、更深层次、更高水平发展。

二、创新做法

（一）“航空运动+休闲旅游”培育体育消费“新业态”

荆门市依托爱飞客运动休闲特色小镇、圣境山滑翔基地等航空运动资源，开发“航空运动+休闲旅游”特色体育消费产品，取得了良好的市场反响。爱飞客运动休闲特色小镇以“航空运动+休闲旅游”为特色，通过主题项目开发、经营主体引进、活动赛事造势等系列举措，大力培育航空运动休闲消费。爱飞客运动休闲特色小镇建设了极客公园、飞行体验中心、国际跳伞基地、房车露营基地、国际卡丁车基地等体验场馆，开发了娱乐风洞、高空跳伞、空中观光等航空运动休闲体验项目，为群众开展相关体育消费提供了丰富的体育项目供给。圣境山滑翔基地依托圣境山生态旅游区、3A级景区圣境花谷和国内罕见的石垒梯田、紫薇林等优质资源大力发展体旅融合，推出的滑翔伞运动深受国内外游客喜爱，被国家体育总局航空无线电模型运动管理中心授予“国家航空飞行营地”称号和突出贡献奖，并荣获湖北省十大体育产业单项冠军奖，仅用两年时间就跻身全国滑翔基地前列，吸引前来观光旅游的人次超100

万，带飞超 6 000 人。“荆门航空运动休闲体验之旅”线路先后荣获“2022 年中国体育旅游精品项目”“中国体育旅游十佳精品线路”称号，近三年接待游客超 200 万人次，带动综合消费 30 亿元以上。

圣境山滑翔基地

（二）“航空运动＋教育培训”拓宽体育消费“新场景”

荆门市聚焦中小学生群体，结合特色体育资源，围绕“航空运动＋教育培训”大力培育航空运动研学品牌。以爱飞客航空小镇为核心的航空运动研学基地，依托独特的航空文化资源，形成了以航空运动科普为主，以党团建拓展、青少年职业规划为辅的“一主两翼”研学课程体系，推出了1～5天的研学行程，涵盖小学、初中、高中三个年龄段的128门课程，住宿、餐饮等配套服务一应俱全，一次性最大可承载1800余名师生开展研学活动，飞机研习、模拟逃生、航模大课堂、风洞表演、球幕看世界等品牌课程受到学生青睐。自2021年以来，基地累计接待研学人员20余万人次，先后获得“全国中小学生研学实践教育基地”“国家体育旅游示范基地”“全国研学旅行基地”“中国民航科普教育基地”等称号。圣境山滑翔基地大力开展滑翔伞进校园、飞行体验日等公益性青少年科普活动，其中滑翔伞进校园项目被国家体育总局推荐为体教融合示范案例。此外，圣境山滑翔基地积极承办全国滑翔伞双人伞飞行员培训班、全国滑翔伞教练员培训班、全国性双人动力伞驾驶员培训班、全国动力伞教练员培训班、全国滑翔伞C级培训班等培训活动，共培养滑翔伞初级飞行员280余人、初级教练员30余人，飞行1万余人次。

（三）“航空运动＋品牌赛事”打造体育消费“新热点”

荆门市聚焦沙洋马拉松“一马当先”、钟祥青少年足球“一蹴而就”、京山网球“一网情深”、东宝圣境山滑翔“一伞浪漫”、掇刀体育装备制造“一名惊人”、漳河爱飞客小镇“一飞冲天”、屈家岭射箭“一箭钟情”等“一县一品”运动休闲品牌，通过举办系列体育赛事，充分发挥赛事活动的引流效应，形成以航空运动为主体，以马拉松、足球、网球、射箭、自行车等大众化体育运动为补充的赛事体系。在航空运动赛事“主体”方面，圣境山滑翔基地先后多次举办飞行冠军周、全国滑翔伞定点联赛、“圣境山杯”全国滑翔伞线上联赛、“春天的盛会”航空嘉年华、湖北省滑翔伞锦标赛等航空赛事活动。爱飞客运动休闲特色小镇连续三届举办爱飞客飞行大会，以及第十九届亚洲及大洋洲跳伞锦标赛暨中国跳伞公开赛、全国跳伞锦标赛、全国跳伞冠军赛、湖北省“奔跑吧·少年”儿童青少年主题健身活动、荆门市“小小爱飞客”航模竞赛等活动赛事，扩大了荆门市航空运动的知名度和影响力，吸引了湖北、北京、河南等省份的跳伞队常年在荆门市开展跳伞训练，爱飞客运动休闲特色小镇年均接待游客近 85 万人次。在大众化体育运动赛事“补充”方面，京山市每年举办中国（京山）绿林网球·英雄会、中小学生网球联赛、京山市“体教融合杯”网球萌宝趣味挑战赛等活动，参与人数超 5 000 人。沙洋县以“花漾运河 乐跑沙洋”为主题，举办了三届湖北沙洋江汉运河国际半程马拉松及江汉运河桨板 10 公里表演赛，并获得中国田径协会颁发的“金牌赛事”和“最美赛道”称号。自 2021 年以来，荆门市累计举办省级以上品牌赛事活动 80 余场次，线上线下参与人数达 130 万人次，带动综合消费达 2.5 亿元。

爱飞客飞行大会

三、经验总结

（一）坚持政策引领，助力产业发展

在体育消费创新中，要充分发挥政府主导作用，深入调研，摸清产业发展底数，加强政策引领，制定出台具有针对性的体育产业扶持政策和体育消费促进政策。积极鼓励社会力量参与，探索建立“政府主导、市场化运作”的办赛制度，进一步扩大体育消费。

（二）坚持融合发展，创新消费业态

在体育消费过程中，要坚持“体育＋”深度融合，创新消费业态，拓展上下游产业链，带动体育消费全面发展。在实践中，一是因地制宜，打造兼具运动、休闲、旅游于一体的景区、线路、赛事和体育旅游目的地，带动运动休闲消费；二是推动体育与健康、旅游、民宿、商业、休闲娱乐等业态融合，通过举办体育展会、提供消费优惠等方式，打造体育消费新场景，进一步带动体育消费发展。

（三）坚持特色优势，发挥龙头引领作用

荆门市打造航空运动休闲目的地的条件成熟、优势突出，充分发挥龙头企业的引领作用，重点围绕爱飞客运动休闲特色小镇、圣境山滑翔基地，打造以高空跳伞、滑翔伞等高端项目为主要特色，以汽车露营、山地越野、水上运动、动漫游戏、电子竞技、冰雪运动等新兴项目为引流支撑，以马拉松、自行车赛等为重要补充，小众化、个性化项目与大众化、普及型项目有机结合的运动休闲产业集聚区，对于促进荆门市航空运动及其他类型体育消费起到了显著的引领与带动作用。

湖南省长沙市：锚定运动人群休闲需求“赛事 +”赋能体旅融合产品创新

一、基本情况

长沙市在体旅融合产品创新方面拓展思路，以体育项目的竞技性、趣味性、社交性为“吸睛点”，吸引广大体育运动爱好者参与；以“赛事 +”为核心，打造“点菜式”的定制业余体育赛事和组队旅游体验，力促“一日比赛、多日停留，一人比赛、全家出游”的热潮，借竞技体育赛事之力促进体育产业与城市文化旅游的深度融合。实现以赛事为抓手，持续提升体旅品质；以赛事为支撑，持续涵养体旅生态；以赛事为引领、持续激发市场活力。

经过多年的发展，长沙市体旅融合产品消费展现出旺盛的发展活力。以体旅融合产品为纽带，紧密连接 11 省 36 市，同 30 余家各类企业达成深度合作，带动体育消费上下游的快速发展。

二、创新做法

（一）重策划精定制，强化品牌传播

“赛事 +”立足于加强不同地区体育组织、体育协会与体育爱好者之间的交流，精准宣传推广各地的风土人情。借由赛事筹备与开办的契机，推广一系列家庭型、团体型体育休闲游产品。基于赛事规模、时长、所在地优势等条件，因地制宜定制文旅线路，着力提升体验感、仪式感，触发情感共鸣，促进自发性的裂变传播和二次宣传。

以“约战星城”足球旅行季为例，该项目成功打造了跨地域的 IP 赛事厂牌：“两湖会广”湘鄂粤桂四省系列赛事、“阅江湖”湘赣边体育旅游示范系列赛事等。同时还结合市场需求，定制了“从长沙到长安”湘陕邀请赛、“关公战包公”

“三江荟萃，谁煮沉浮”汉江湘江赣江三省邀请赛

长沙合肥交流赛、“三江荟萃，谁煮沉浮”汉江湘江赣江三省邀请赛等赛事，成功打出了长沙“赛事+”体旅产品创新的品牌影响力。

（二）强化省会担当，主导多元赛事平台搭建

作为湖南省体旅融合的主场和省会，长沙市地理区位优越、交通便捷，因而在结合地域影响力的基础上，做强、做活消费娱乐之都、网红城市，搭建起具有长沙特色的“体育赛事+旅游”平台，形成了以城市优势、网红属性赋能体旅融合发展，以体旅融合发展反哺城市经济飞速提升的闭环。

1. 锚定运动群体多元需求，政企协同策划精品赛事

突破传统赛事形式，扩大办赛影响力，打破时间、地域、技术、年龄、行业的限制，引导运动爱好者广泛参与，将体育赛事培育成为体旅消费新业态；与旅游企业联动，将旅游全产业链经营打造为与体育活动相配套的多元化运营平台，从赛事产品研发到赛事文宣活动，从赛前配套到赛事行程安排，从赛后服务到特色文旅，以“美丽星城 幸福长沙”的历史、人文、美食、美景以及独具特色的地域文化特色为核心吸引力，集结各地的体育、旅游爱好者，凝聚体旅融合向心力、提升城市影响力。

2. 多地点多线路同步开赛，全面筹备集中引爆

以赛事为纽带串联与体育、文旅相关的上下游企业，与俱乐部、旅行社、足协等机构搭建长期合作关系，共创“足球+”旅行平台。贯彻赛会制形式，以省、市为单位布局赛事脉络，量身定制个性化体旅产品。如在“两湖会广”湘鄂粤桂足球邀请赛中，来自洞庭南北、广府西东的湖南、湖北、广东、广西四省份的草根球队两两之间进行较量，主、客场之间交叉的赛程设置，在有效促进各省区足球爱好者之间交流与互动的同时，放大了多地联动、集中引爆的产品创新特色。此外，面向本地客群和赛后的运动员，突破性地将桨板、溯溪、漂流等文旅项目升级融入，让体旅融合更有星城特征，让星城长沙成为体旅融合的名片和宣传窗口。

（三）体旅融合带动精品旅游产业发展

长沙市结合体育赛事的举办，因时、因季、因地、因人、因文化、因特色、因美食打造了多条精品旅游线路，推出了以城市人文、足球情怀、美食美景、健康生活为主，竞技为辅的特色足球旅游产品。按当下赛事的特色，长沙市布局了强化城市之间交流的“双城记”系列赛事、提升城市群之间交流的多城对战系列赛事、具有星城特色的“超级周末”趣味体育赛事。

1.“双城记”系列赛事

依托“双城记”IP，先后打造了以“脚都对战首都”为主题的星城与京城双城对战赛，以“从湘江到香江”为主题的粤港澳湘联谊赛等多场赛事。在“赛事+”思路下的体旅融合产品创新一经发布，均在当地引起了轰动、产生了显著的产业带动效果。以星城与京城双城对战赛为例，依托长沙市体育产业协会、长沙市乡村旅游发展促进协会、长沙市导游协会等深挖体育休闲旅游资源，打造了成熟的体育产业下游产品链，其中的“逛吃狂吃自游长沙”将运动交流活动丰富为“体育+旅游+休闲”的商旅文综合产品，实现了“吃住行游购娱”的立体组合。

2. 多城对战系列赛事

借势城市群文化交流，推出了“三江荟萃”等体旅融合创新产品，在跨区域交流合作过程中，依托长沙市本土传媒资源，与长沙市导游协会、金鹰955电台吃香喝辣栏目、湖南交通电台美食007栏目等有关机构合作，成功打造了“长沙十大球迷最喜爱餐厅”“长沙十大球迷最喜爱排档”“长沙十大自游行经典线路”等热榜，真正实现了“球行千里，友遍神州”，有效丰富了体旅内容、提升了体旅品质。以“两湖会广”湘鄂粤桂足球邀请赛为例，实现了以美食、美景为引，参赛者携家人亲友在比赛之余感受湘鄂粤桂四地美食，探索从湘江到香江的美景、领略山水洲城的迷人风光。赛事还突破性地与4A级旅游景区天心阁合作，强化文旅品牌宣传推广，打造城市体旅地标。

3. 具有星城特色的“超级周末”趣味体育赛事

面向有休闲旅游需求的都市人群，紧扣时下“玩他人所未玩”的出游风潮，挖掘、炒热一系列“冷门目的地”，为长沙市本地市民的周末休闲游、都市周边游规划趣味行程。以“超级周末”项目为例，在推出的以“一半是烟火，一半是泉水”为主题的文旅营销活动中，定制了“烟花足球 + 金坑溯溪”、苏故桨板、赤马湖桨板、小河乡网红鱼鳞坝、漂流戏水的长链文旅行程，将“赛事 +”与“城市周边探索”相结合，借体旅融合产品创新之力为小众路线上的地方经济发展注入源源不断的新鲜活力。

烟花足球现场

三、经验总结

（一）培育体旅融合新业态，促进消费升级与规模扩大

“赛事 +”产品创新思路有效打破了体育赛事与文化旅游的行业边界，实现体旅融合、多业融合，由以往单人出游升级为家庭出游、由个体参赛升级为组团参赛、由单项体育旅游升级为多项体育休闲旅游，其中经济效益是体旅融合发展的最好正反馈，经济效益支撑体旅融合快速发展，形成消费发展链路闭环、推动消费倍增提升。

以“约战星城”足球旅行季项目为例，该项目以“足球赛 + 举办地旅游”为特色，2020 年举办 5 站比赛，吸引 7 省 15 城 520 名球员报名，总参与人数超 1 500 人，实现消费额 1 500 余万元。2021 年举办推广赛 190 场、邀请赛 8 站 40 场，吸引 5 省 12 城约 550 名球员参赛，实现消费额 1 900 余万元。2022 年连通 4 省 10 余座城市，举办 16 站比赛，共 54 支球队 2 000 多名球员及家属参与，实现消费额 2 000 余万元。

（二）持续挖潜经济效益，激活体育产业上下游供应链

相较于传统体育经济发展，“赛事 +”体旅融合创新产品的思路能够有效提升体育产业的经济效益空间，具备“同行业排

他性”的赛事赞助收益、独家的赛事直播权与转播权、赛事 IP 与各行各业融合营销双向引流等。赛事对体育产业上下游供应链的激活作用，可以不断延展、无限拓宽，为城市发展带来源源不断的内生动力。

（三）推动体旅全产业链发展，刺激与拉动消费

体旅产业融合实现了旅游与体育两大产业资源共享、优势互补，扩大了市场吸引力，关联带动全产业链、多行业联动发展。用体育赛事交流平台收集客户需求，以“体育赛事 + 休闲旅游”融合为特色，创新 IP 赛事品牌，培育“体育 + 旅游”新业态、新模式、新产品，丰富了体育消费产品的供给，实现了多业融合促成消费倍增效应。通过各级各类体育协会等中介组织，组成强大的宣传动员网络，与体育场馆、旅游景点（景区）等开展战略合作，共建体育旅游平台，发挥各自优势，共同推进“体育 + 旅游”深度融合，开辟新赛道，推动消费融合升级，共同做大市场蛋糕，实现合作共赢、互利互惠。